少奇

同志在群众中

少奇
同志在群众中

罗雄 叶茂 主编

王爱东 朱伟 副主编

人民出版社

组　　稿:张振明
责任编辑:朱云河
封面设计:周方亚
责任校对:夏玉婵

图书在版编目(CIP)数据

少奇同志在群众中/罗雄,叶茂 主编. —北京:人民出版社,
　2019.11
ISBN 978－7－01－021332－3

Ⅰ.①少… Ⅱ.①罗… ②叶… Ⅲ.①刘少奇(1898－1969)－
　生平事迹 Ⅳ.①K827＝7

中国版本图书馆 CIP 数据核字(2019)第 217220 号

少奇同志在群众中
SHAOQI TONGZHI ZAI QUNZHONGZHONG

罗　雄　叶　茂　主编

人民出版社 出版发行
(100706　北京市东城区隆福寺街 99 号)

北京盛通印刷股份有限公司印刷　新华书店经销

2019 年 11 月第 1 版　2019 年 11 月北京第 1 次印刷
开本:710 毫米×1000 毫米 1/16　印张:12.75
字数:123 千字

ISBN 978－7－01－021332－3　定价:38.00 元

邮购地址 100706　北京市东城区隆福寺街 99 号
人民东方图书销售中心　电话 (010)65250042　65289539

前　　言

　　2018 年 11 月 24 日，是伟大的无产阶级革命家、党和国家久经考验的卓越的领导人刘少奇同志诞辰 120周年。刘少奇同志为中国人民的解放和新中国的建设，建树了卓著的功勋。他光辉战斗的一生，是同党和国家的历史紧密相连的，是同广大人民群众的血脉息息相通的。

　　刘少奇同志既是伟大的马克思主义理论家，也是党的群众路线的倡导者、引领者、实践者。他的一生，用实际行动向世人诠释了"为人民服务"的本源，为共产党人树立了一座不朽的丰碑。在安源煤矿、在盐阜平原、在陕北延安、在巴山蜀水、在齐鲁大地、在大河上下、在长城内外，祖国的山山水水，都留下了他践行群众路线的深深足迹，他是"为民、务实、清廉、正直"的楷模。

　　为了缅怀刘少奇同志，刘少奇同志纪念馆、华夏少奇（北京）文化发展中心、盐城少奇同志藏书馆、中华诗词发展基金会红心伟业专项基金管理委员会有关专家和同志联合选编了《少奇同志在群众中》一书，以期追寻刘少奇同志的辉煌足迹，学习他的高尚品质，学习他对党和人民的事业赤胆忠诚,学习他一切从实际出发,坚持真理,实事求是,关心群众,联系群众,处处为群众着想的革命精神,为实现中华民族伟大复兴的中国梦而努力奋斗!

情系灾民 ……………… 1

奉天脱险 ……………… 4

艰苦岁月 ……………… 9

情胜慈父 ……………… 13

巧离险境 ……………… 17

不开小灶 ……………… 22

妇幼先走 ……………… 25

卧榻猪旁 ……………… 27

重视人才 ……………… 29

谁能无过 ……………… 33

特制的鞋 ……………… 37

令头扶贫 ……………… 39

真情送蛋 ……………… 42

"代理地主" ……………… 46

智闯芦荡 ……………… 49

三请兽医 ……………… 51

办兵工厂 ……………… 53

雪中送炭 ……………… 56

两条毛巾 ……………… 59

"宴请"群众 ……………… 63

血脉相连 ……………… 65

药留伤员 ……………… 69

不拒革命 ……………… 71

取敌之长 ……………… 74

目　录

星相先生 ………………………… 77

一卷钞票 ………………………… 79

巧辨迷路 ………………………… 81

不扰百姓 ………………………… 84

同甘共苦 ………………………… 87

慎花公款 ………………………… 89

蜘蛛拉网 ………………………… 91

多留子弹 ………………………… 93

精打细算 ………………………… 95

先治心病 ………………………… 98

药治病人 ………………………… 101

多学文化 ………………………… 104

制度莫破 ………………………… 106

关怀下级 ………………………… 108

救命要紧 ………………………… 110

民主"家长" ……………………… 113

当好"猴王" ……………………… 115

伙食同样 ………………………… 119

莫装大象 ………………………… 121

巧解真理 ………………………… 123

念的真经 ………………………… 125

一套棉衣 ………………………… 128

人才重要 ………………………… 130

齐称同志 ………………………… 133

褚光来信 …………………… 135

百花齐放 …………………… 137

接革命班 …………………… 140

初访太原 …………………… 147

指明方向 …………………… 152

成都之行 …………………… 157

羊城参观 …………………… 163

少奇请客 …………………… 166

同看电视 …………………… 170

人无贵贱 …………………… 172

一块蛋糕 …………………… 176

退夜餐费 …………………… 179

风雨夜救 …………………… 182

少奇回乡 …………………… 186

与猪为邻 …………………… 188

探望师母 …………………… 190

破案平冤 …………………… 193

情 系 灾 民

　　1924 年端午节刚过不久,湖南株洲接连几天暴雨不停,河水猛涨,一时间整个株洲成为一片汪洋。株洲铁路工人的生活发生了严重困难。当时担任安源路矿工人俱乐部总主任的刘少奇一接到灾情报告,就立即召集俱乐部干事会会议,讨论部署救灾工作。他在会上说:"救灾如救火,反动政府不管人民死活,我们工人俱乐部要管,工人们把俱乐部看作自己的靠山,我们一定要想办法解救他们。安源工人自己的生活虽然很贫困,但是比起灾区人民总要好一些。天下工人阶级是一家,一方有难,八方相帮。我们马上分头下去,动员这里的工人们少吃点、少用点,帮助灾区的弟兄们渡过难关。"参加会议的干事们一致同意刘少奇的意见。会后很快募集到许多衣物钱粮,送给了灾区人民。

　　第二天一早,雨还在哗哗地下着,河水继续上涨。刘少奇带上几件自家的衣物和平时省下来的烟钱,率领安源的干部和工人赶赴水灾现场。他穿着蓑衣,打着赤脚,冒雨来到铁路工人居住区。只见路边许多矮小的房屋被大水冲垮了,有的人家被冲走了所有家当,死里逃生的灾民们聚集在仅有的几块地势较高的土坡上,风雨交加,无遮无盖,人们除了身上穿的单薄衣服,身边一无所有。老人们唉声叹气,孩子们嗷嗷待哺，一幅凄惨景象。

刘少奇让随行的同志首先把带来的救灾衣物交给安源路矿工人俱乐部株洲分部的干部，让他们尽快把这些东西分到老人孩子手里。随后他带领一些人向洪水泛滥的地方走去。天上下着瓢泼大雨，脚下淌着湍急的流水，刘少奇深一脚浅一脚，在黄静源、袁文俊的搀扶下，艰难地向前走着。雨越下越大，风也越刮越猛，黄静源怕发生意外，劝刘少奇不要再往前走了。话音刚落，袁文俊发现不远的地方像是有两个人抬着一副担架小心翼翼地向这边走着。他连忙告诉刘少奇前面有人，刘少奇用手抹了一把脸上的雨水，仔细望去，果然有两个人在风雨中缓慢地向这边移动，他马上用命令的口吻对黄静源、袁文俊说："快过去，看看是谁？"他们三人手臂挽手臂快步迎上前去，一看担架上躺着一位昏迷不醒的妇女，大雨淋透了盖在她身上的一块破布单。刘少奇急忙问抬担架的两个小伙子："是不是工人家属？""不是，是街上的居民。洪水浸了两天啦，政府不管，再浸下去就没命了。"小伙焦虑地说。"你们是干什么的？""我们是铁路工人。"

刘少奇听说小伙子是自己人，高兴地说："你们做得对，不论是不是工友，都应该尽量抢救。"说完，从自己身上脱下一件衣服盖在那位妇女的身上，自己身上只剩一件背心。黄静源同志连忙脱下自己的外衣，披在刘少奇身上，关切地说："你身体不好，不要着凉了。"袁文俊见此情景，又从自己身上脱下一件衣服披在黄静源身上，光着膀子说："你们的身体都不行，我这铁牛似的身体，不怕淋。"他们的争执声惊醒了那位妇女,她见眼前这么多人,眼睛里露出了惊讶的神色。当她看见自己躺在担架上,身上还盖了一件衣服时,心里明白了,这一定是遇上好人了,不由得眼泪夺眶而出,好半天才说出一句话:"你们是我一辈子也忘不了的救命恩人。"当她得知刘少奇是安源路矿工人俱乐部主任时,激动得泣不成声。

第二天,雨停了,洪水还没退下去,刘少奇顾不上休息,天刚破晓就又出去了,他四处巡视,遇见灾民便问寒问暖。他看见一个老太太坐在地上哭,便上前询问原委,当得知老人家里还有人被困在进水的屋里时,立即叫袁文彬弄来一只小划子,迎着洪水救了出来。老人看到自己的儿子得救了,感动得要给刘少奇磕头,刘少奇连忙扶起老人说:"我们是工人俱乐部派下来救灾的,这是我们应该做的。"

就这样,刘少奇挨家挨户查巡,直到洪水退去,一一安置好了无家可归的灾民,才离开株洲回安源。

奉 天 脱 险

1929年7月14日,一列由上海开往东北的旅客列车喘着粗气,拖着沉重的身躯缓缓驶进奉天(今沈阳市)火车站。在熙熙攘攘的人群中,有一位头戴鸭舌帽,身穿对襟中式单褂的中年男子随着人流走出了火车站。他就是中共中央派往满洲省委担任省委书记的刘少奇,此次化名赵之启。

刘少奇按照事先约定的地点,直奔"西北工业区皇字78号"住处。一路上,他耳边萦绕着出发前中央交代的关于满洲省委的一些情况:这里由于受大革命的影响较小,革命基础比较差,虽然有50多万产业工人,但是党的力量薄弱。直到1928年9月,才正式建立起统一领导辽宁、吉林、黑龙江三省党的工作的满洲省委。省委成立不到3个月,就遭到敌人的大破坏,绝大多数党、团省委领导人先后被捕入狱。致使党内一部分同志思想涣散,斗志消沉,丧失革命信心。现在组织上派自己来,首要的任务是做好斩除荆棘的"垦荒"工作。刘少奇深感局势的严重和开展工作的艰巨。他急于找到省委了解目前的斗争情况。

刘少奇到奉天的第二天,便与省委接上了关系,马上开始详细了解地下党组织的活动情况。他得知奉天纱厂党组织正在酝酿发动工人罢工的情况后,认为这是一个发动群

4

众、壮大党组织的好时机，决定亲自参加这次罢工的组织工作。

他找来省委组织部部长孟用潜，一一询问了酝酿罢工的起因、罢工斗争的目标、工人斗争的情绪、组织领导的计划、厂方对工人的态度等问题。这一连串的问题，问得孟用潜抓头皮，摇了摇头说："我们没有考虑这么多，同志们只看到'奉票'一天天贬值，工人的生活不好过，想通过罢工迫使厂方发现洋，就决定带着工人干了。"刘少奇听了孟用潜那简单的回答，严肃地对他说："老孟啊！现在白色恐怖十分厉害，敌强我弱是这里形势的基本特点。为了避免不必要的损失，罢工前一定要经过周密的安排。否则是很危险的。那样不但不能俣工人们得到好处，反而会挫伤他们的斗争情绪，暴露党的组织，招致敌人的镇压。"孟用潜若有所悟地说："是啊，这样的罢工我们还是第一次组织，到底能不能干成心里没有把握。"刘少奇沉思了一下说："这样吧，找一个时间，我同你一道到纱厂去一趟，找党支部详细研究研究罢工的具体方案，你看怎么样？"孟用潜早就听说刘少奇曾经在安源、上海、武汉等地多次胜利地领导过工人罢工斗争，有着丰富的斗争经验。他连忙高兴地说："那太好了！你来得真是时候，说去就去，明天下午我们就去纱厂找党支部书记常宝玉，行吗？"刘少奇说："就这么定了，纱厂下班前，我俩在门口见面。"

奉天纱厂坐落在偏僻的郊区，厂周围是一片小树林，远处是荒凉的坟地。厂门口的大树下有几个小茶摊，工人们常在班前班后坐在这儿喝茶聊天。

第二天下午临近下班时分，一副工人打扮的刘少奇和孟用潜分别来到两个茶摊儿前坐下，装作等候接班的工人，在这里等候纱厂党支部书记常宝玉。"呜——呜——"奉天纱厂响起了下班的汽笛声。正常的时候，汽笛一响，工厂的大门就开了，一会儿就陆续有下班的工人从里面走出来。这一天却反常，汽笛响过十几分钟了，仍不见打开厂门。孟用潜死盯着紧闭的工厂大门，心里默默地数着1、2、3……直数到100，仍不见动静。他有点坐不住了，便佯装借火，来到刘少奇面前小声说："可能出事了，怎么办？"刘少奇说："不等了，快离开，分开走。"边说边起身快步向树林深处的小路走去。孟用潜也立刻向另一条大路跑开了。说时迟，那时快，工厂大门突然大开，一群警察手持武器从大门里跑出来，列队站在厂门两侧，准备搜查下班的工人。这时，其中一个家伙突然发现了刘少奇和孟用潜，大声喊道："站住！不许跑！"刘少奇和孟用潜装作没听见，仍然快步前行。那伙警察见刘、孟仍不停步，便飞快地追了上去，二话没说就把刘少奇和孟用潜抓了起来，并且押送到工厂警卫室。

原来，酝酿罢工的消息被厂方探听到了，狡猾的敌人提前抓走了厂党支部书记常宝玉和另外几位支部成员。面对这突如其来的事变，刘少奇镇定自若，心中思忖着应付敌人审问的答词，他决定利用厂里的人不认识他的有利条件，想办法蒙蔽敌人，尽早脱身。他迅速在脑海里编织好"口供"，泰然地跟着警察走进工厂。

警察把刘少奇和孟用潜分别押解到工厂的两个审问室

里。警察问刘少奇："你叫什么名字？""成秉真。"刘少奇操着一口浓重的湖南口音，不紧不慢地回答。"你是哪儿的人？到这儿来干啥？""我是湖南人，是工人。到奉天来找一个熟人帮忙介绍工作。""你认识这个厂里的什么人？""一个也不认识。""不认识厂里的人，为什么在厂门口转悠？""我路过这里，走累了。到茶摊喝点水，歇歇脚，突然看见你们从厂里冲出来，心里害怕，所以跑开了。"听了刘少奇的回答，警察认为此地无银，可又不甘心就这么便宜地放走刘少奇。沉默片刻，警察突然吼道："把手伸出来！"刘少奇不慌不忙地伸出双手，那警察仔细端详了一会儿，嘿嘿奸笑起来，说："哼！工人？工人哪有这么细皮嫩肉的手？快说！你到底是干什么的？""是工人，我是印刷厂的排版工人。不信，你们带我到印刷厂去测试测试。"刘少奇神态自如，毫无惧色。

警察问不出矛盾来，扔下刘少奇转身到审讯孟用潜的房间，跟那里的警察嘀咕了几句，便狡诈地对孟用潜说："那个人已经承认你们俩一块儿到这儿来煽动工潮的，你快如实说出来你们之间的关系和到工厂来找谁的，不然的话把你们统统送到法院去。"孟用潜一口咬定他不认识刘少奇，说自己是路过这里被抓进来的。诡诈不成，那警察只好又回到刘少奇身边。

"你为什么来煽动工潮，反对当局？""么子是工潮？当局是啥个？我没得东西可当，除了身上穿的我一无所有。"刘少奇的回答使警察哭笑不得，他气急败坏，拉起刘少奇的手，打了一阵手板，又拉来常宝玉对质。因为刘、常二人从未见过面,敌人自然是捞不到什么。

纱厂的警察见问不出名堂,第二天便把刘少奇、孟用潜、常宝玉押解到奉天高等法院检查处看守所,等候移交法院开庭审判。这里是关押反动当局随便抓来又来不及审判的人的地方,管理混乱,为刘少奇早日出狱创造了条件。

一天,在放风的时候,刘少奇凑到孟用潜身边说:"把我们送到这里,没送军法部门,说明他们没有抓住我们什么把柄,设法告诉那个人(指常宝玉):统一'口供',我们很快就能出去。"

不出刘少奇所料,审判的那天法官问的问题和纱厂警察问的差不多,他们几个人照原样回答了一遍,就算蒙混过关了。过了几天,发下了判决书,上面写着:"煽动工潮,证据不足,不予起诉,取保释放。"

就这样,刘少奇巧妙地从敌人的魔掌下逃了出来。愚蠢的敌人哪里会想到,他们放走的竟是一位共产党的重要领导人。

刘少奇出狱后,继续担任中共满洲省委书记,领导当地人民开展了卓有成效的反帝反封建斗争。

艰 苦 岁 月

大革命失败以后,蒋介石反动派对共产党领导的工农革命运动实行疯狂的镇压和屠杀政策,使原来革命运动如火如荼的地区到处是白色恐怖。为了保存和发展革命力量,从1931年起,中共中央和革命的主要力量,陆续从反动势力比较强大的大城市撤退出来,转移到毛泽东、朱德开辟的中央革命根据地。

1932年冬,担任全国总工会委员长的刘少奇随全总机关来到根据地的中心江西瑞金。瑞金这块地方,山多地少,土地贫瘠,人民生活比较困苦。党中央机关和大量军队集中到这里以后,使人民原本就不富裕的生活变得更加紧张了。当时,一个突出的问题是粮食困难。为了克服困难,苏维埃政府一方面领导军民千方百计地发展生产,多打粮食;另一方面对机关和军队实行配给制,前方作战部队配给标准高些,后方指挥机关和政府工作部门配给标准低些。

后方机关的同志们积极响应中央的号召,决定从每天的个人定量中再扣出二三两以至四两支持前线,因此改变了吃饭的办法。原来是吃"大锅饭",集体包伙,集体就餐,每个人吃多吃少没有精确定量。后来改为吃"蒲包饭",就是粮食部门把个人的粮食按月定量发到个人手里,再发一只用当地一种长形阔叶草编成的小草包,当作饭袋。袋上挂有写着各人姓名的小牌子,粮、袋都由个人保管。做饭时,由个人量好米,放进饭袋,再交炊事员集体煮熟,开饭时,各人取各人的饭包。

刘少奇当时随全总机关的同志们一起用伙。他积极带头响应节约粮食的号召,每天从定量中扣出四两米支援前线,和同志们一起吃"蒲包饭"。开饭时,少奇同志和大家一样,先从锅里找到自己的饭包,然后高高兴兴地和同志们坐在一起吃。

自从实行吃"蒲包饭"以来,同志们发现刘少奇中午经常不到食堂里来吃饭。那么,中午他会去哪儿吃饭呢?有人说:"刘少奇工作繁忙,经常夜以继日、通宵达旦处理公务,忘了吃饭并不奇怪。"也有人说:"人家是大干部,可能躲到哪儿去吃小灶了。"还有人认为,刘少奇不来食堂吃午饭,既不是因为工作忙,更不会去吃小灶,肯定另有原因。于是,每逢吃午饭的时候,便有几个人绕着食堂、宿舍、办公室到处兜圈子,想在什么地方找到刘少奇。

有一天,一位同志终于在食堂后面的小灶间里发现了刘少奇,他果真在那里吃"小灶"。当那位同志走近一看,不禁怔住了。原来,刘少奇正捧着一碗清水煮番薯叶子津津有味地吃着呢。这时,炊事员走过来告诉那位同志说:"最近有些时候了,少奇同志每天中午都到这里来煮番薯叶子吃,为的是每天能省出四两粮食支援前方将士,我劝他不要这样,长时间下去人要吃不消的。人是铁,饭是钢,那么重的工作担子压在肩上,不吃中午饭怎么行呢?可是他每次总是笑着说：'不要紧，我顶得住。'还不许我对别人说，说了就要处分我，这下可好了，被你发现了，你快劝劝他吧。"

这个秘密被发现以后，刘少奇不得不又回到食堂与大家共进午餐。刘少奇那时工作很忙，因此他是经常饿着肚子在工作。可是同志们从来没有听他说过肚子饿的话，而总是看到他精神饱满地工作。周围的同志都为他这种顽强的毅力深深感动。

前线的红军指战员知道了机关首长们为支持他们而吃"蒲包饭"和饿肚子的事以后，受到很大鼓舞。战士们纷纷表示，要用多打胜仗、多杀敌人的实际行动来报答领导人的关怀。

如果说那时中央根据地粮食困难还能靠自己生产和节约开支来克服的话，那么食盐奇缺的困难确实一度难住了根据地的军民。

瑞金远离沿海，没有条件自产海盐，又没有井盐资源。敌人因此而把食盐列为最严密封锁的生活用品之一。因为谁都懂得，人体长期缺盐会导致体虚无力和引发多种疾病。没有盐吃直接影响着红军的战斗力和人民群众的劳动力。

在这种情况下，后方机关的同志们想了一个"熬盐硝"的办法。就是把厕所附近的土挖出来，放在水里浸泡洗涤，然后沉淀去渣，用洗出带有尿碱的水，加热蒸发，结晶成盐。因为人的尿里有一定数量的盐碱，尽管它不是我们现在吃到的那种纯净美味的氯化钠晶体，而是钠、镁、钙、钾等多种盐类的复合体。但是，在那苦涩之中毕竟有一点咸味，这对于长期得不到一点咸味刺激的味觉,也算是一种"上乘的调味品"了。

　　每逢机关组织工作人员挖厕所土时,刘少奇总是一次不漏地参加,他一边干一边风趣地给大家讲他儿时在家乡参加田间劳动的故事。同志们看到他不怕脏、不怕累、不嫌臭与大家一起劳动,顿觉战胜困难的信心倍增。

情 胜 慈 父

　　1937年初春,中国革命的圣地延安奔腾着汹涌澎湃的抗日洪流,到处都是一派生机勃勃的革命景象。刚到任不久的中共中央政治局候补委员兼中共中央北方局书记刘少奇正在这里参加中央领导工作,他住在延安城北门外的王家坪。

　　一天,刘少奇要到一二十里以外的延安大礼堂和中共中央党校作报告。为了路上的安全,中央警卫大队委派刚调到刘少奇身边担任警卫员的苏登科护送前往。一路上,刘少奇骑马,小苏骑骡子,边走边聊,好不亲热。和和气气的话语,平易近人的作风,一下子驱散了小兵在大首长面前常有的腼腆和拘谨,他们从工作谈到学习,从个人谈到家庭,很快就到了延安大礼堂。小苏感到与自己并肩同行的不是一位令人敬而畏之的大干部,而是一位慈祥可亲的长者。

　　刘少奇在延安大礼堂作了一天的报告,第二天还要到中央党校去。因为来不及赶回住地王家坪,就和小苏两人在大礼堂附近的中央组织部临时找了个地方住下来。临睡前,小苏怕牲口放在门前夜里丢失,特意把它们委托给组织部负责管理牲口的同志,拴在组织部的马厩里,自己才去休息。

第二天天刚蒙蒙亮，整个延安城还都沉浸在拂晓的酣睡之中，小苏就起床了。他想，今天首长要到中央党校去作报告，得走一大段路，我要赶在出发前把马鞍备好，把马喂饱，让它跑起来脚底生风。小苏没顾上洗漱，起床后直奔马厩。他来到马厩，站在门口一看，心头不觉"咯噔"一沉，不好！昨晚拴马的地方空空的，再看一眼拴骡子的地方，骡子还在。他不相信自己的眼睛。大步走近拴马的柱子，果真，半截子缰绳挂在那里，参差不齐的绳头告诉他，马确实跑了。这可怎么办呀！首长一会儿就要骑着它赶路。几百人等着听首长的报告，耽误了可不得了。担任警卫员第一次执行任务就丢马，这可怎么交代呀！他急得浑身冒汗，一时不知所措。他晕头转向地绕着马厩前前后后转了几圈，也不见马的踪影，再看看院子四周，静悄悄的，除了自己急促的呼吸声，一点响动都没有。他沮丧地走出组织部大门向远望去，一条大路伸向远方，连个人影也没有，他茫然地沿着大路跑了一阵子，眼前仍然是一片空旷。

天已经大亮了，眼看首长出发的时间就要到了，他只得硬着头皮一溜小跑地去向刘少奇报告："首长，马……马……马不见了！"他吓得语无伦次。

刘少奇正在整理东西准备出发，他见小苏气喘吁吁，慌慌张张的样子，关切地说："不要急，慢慢说，到底发生了什么事？"小苏见首长态度和蔼，绷紧的心弦稍微松弛了一点，但他还是上气不接下气、结结巴巴地说："昨晚……马没下鞍……没喂料……挣脱缰绳……跑了。"

这下刘少奇听清楚了，原来是马丢了。刘少奇看了下手表。小苏看得出首长也有点着急。刘少奇沉思了片刻，然后用安慰的口气对小苏说："你不要紧张，我去党校可以骑你的骡子。你现在到社会局去，请他们帮忙找找看，我写个条子给你带去。"刘少奇写完条子交给小苏，提起背包说："我先走了，马找到后你随后再来。"小苏见首长一点没有责怪自己，心里逐渐平静下来。他连忙说："好，好，我这就去牵骡子。"说完，他牵来骡子，一直把刘少奇送到延安东门。

小苏刚要去社会局，忽然想起刘少奇只身一人走那么远的路，身边没有一个警卫员。他赶紧给在王家坪的另一位警卫员打电话，请他马上去通往中央党校的路上接应刘少奇同志。

在社会局同志的帮助下，他终于把马找到了。但是，由于马脱缰逃逸大半夜，马鞍碰坏了，搭在马鞍上的毛毯也丢失了。这又使小苏急得眼泪汪汪。

他牵着马一路走回王家坪，边走边想，真该死，刚当警卫员就出这么大的事，回去非受处分不行。

待小苏走回王家坪刘少奇的窑洞前，已是午夜时分。只见窑洞的灯光还亮着。小苏心里扑腾扑腾直跳，快到门口了，他放慢了脚步，不敢再往前走。这时，站在门口等候他的刘少奇已经看见了他，高兴地迎上前去，说道："小鬼，你回来啦！赶快把马拴好，进屋来暖和暖和。"

小苏不好意思地走上前去，打个立正，又低下头去望着自己的脚尖，小声说："首长，马找到了，鞍子坏了，毯子也丢了,都怪我……"刘少奇见小苏那副疲惫难过的样子,心疼地说,"好了,好了,不要难过了,你累一天了,快去洗洗休息吧"。

小苏见刘少奇毫无批评他的意思,心里愈加难过。他垂头丧气地走进警卫员住的窑洞。老警卫员严传辉见小苏回来了,高兴地捶了他一拳说:"你可回来了,少奇同志一回来,就问你回来没有,他放心不下,晚饭后还来问过好几次。我们催他早点休息,他不肯,在门口踱来踱去,说要等你回来才踏实。"

小苏听完这番话,激动地落下了自责的眼泪。这一夜,小苏翻来覆去睡不着。心想,首长真像是一位胸怀宽大的慈父啊!

巧 离 险 境

"党中央给中原局来了急电,请少奇同志立刻动身回延安开会。组织上派你当警卫副官,担负护送任务,责任重大啊,一定不能出丝毫纰漏,要绝对保证少奇同志的安全!"1939年春的一天,在河南省竹沟镇的一个四合院里,河南省委组织部部长陈少敏正在给李维民布置任务。尽管陈部长的话说得很慢,声音很轻,但每一个字都是沉甸甸的,如同钢印一样深深地镌刻在李维民的心上。肩负这样重大的任务,对于李维民来说还是生平第一次,心中有些紧张和担忧是自然的。尽管省委已做了周密的安排,但从脚下的竹沟镇到延安,毕竟不是一天两天的行程啊!

稍做准备之后,刘少奇在李维民等人的护送下离开竹沟,向保安镇进发,准备从那里乘汽车到洛阳,再乘火车去西安,最后从西安到延安。这天,走到离保安还有十几里路时,出现了一片丘陵地带。大车道从丘陵中间穿过。车道两边的岗坡地上,尽是二尺多高的绿油油的小麦。奇怪的是,正是锄地的季节,田野里却见不到一个劳动的人。四周出奇的宁静,没有风声,没有流水声,也听不到虫鸣和鸟啼,真是太静了,静得令人毛骨悚然。刘少奇察觉这种情形不太正常,就伸手示意大家停步,把李维民叫到跟前悄声说:

"就地隐蔽休息。派小严到前面丘陵地去侦察。你看附近田间为什么没有农民劳动?"

刘少奇这么一说,李维民立即警觉起来,预感到前面可能有埋伏,便决定和警卫班长严传辉一起去侦察。两人从丘陵的背面悄悄摸上去,还没有爬到岗顶,便发现麦地里闪烁着刺刀的光影。再细看,一些小黄点儿在麦棵里不断地蠕动,粗粗计算一下,大约有200多人。两个人迅速退了回来,把侦察情况向刘少奇作了汇报。

听完汇报,刘少奇略一沉吟,果断地说:"不能绕开他们,因为我们穿的是他们的服装,那样做反而会加重他们的疑心。既然他们有埋伏,我们不妨来个顺水推舟,将计就计。小李,你先带几名战士,大大方方地走过去,喊他们出来,和他们正面交涉,他们摸不清情况不会轻举妄动的。当然,你也要沉着冷静,随机应变。"

李维民和两名战士骑上三匹马,闯进了包围圈。李维民亮开嗓门高喊,"喂,弟兄们,别误会,我们是到第一战区长官部去的!"第一战区司令长官是卫立煌,长官部设在洛阳。听小李这么一喊,在一块麦地里站起一个军官模样的人。小李骑在马上问:"你们是哪一部分的?"

"保安大队第五队。"

"谁是你们的队长? 带我去见他!"

那个家伙大概见李维民口气挺大,说话也不太客气,又佩戴着上尉副官的标签,怕是来头不小,没敢怠慢,敬个举手礼,然后带小李他们到附近一处洋槐树林里去见他们的队长。

树林里也摆好了阵势,有一挺机枪正对着前面的路口架着。小李见此,心中不免一惊:这情况没侦察到,当初若要贸然通过,交起火来,怕是要吃大亏了。但他表面上不动声色。机枪旁站着一个手拿望远镜的人,个头挺高,腰板不直,束着武装带,却不精神,脸上挂一层烟灰,显然有抽大烟的嗜好。整个儿看来,是个愚蠢而跋扈的家伙,胸前也佩戴着上尉队长的标签。这时,带路的那个军官向他立正敬礼:"报告杨队长,这位副官要见你。"

他上下扫了李维民一眼,傲慢地问:"你们从哪来呀?"

"安徽前线。"

"还有一些人呢?"

"在后头。"

"有通行证吗?"

李维民打开皮挎包,取出通行证递过去。上面写着十八集团军(后称八路军)前方总司令部参谋处刘主任。他翻过来掉过去看了半天,又阴阳怪气地问:"既然去洛阳长官部,怎么不坐汽车呀?"

李维民灵机一动,扯了个谎:"已经约定,长官部的汽车到保安来接。"

这位杨队长一听说长官部要来车,立刻改变了态度。交回通行证,还赔着笑脸解释说:"请不要介意,兄弟责任在身,不得不如此啊!"转身下令,撤了埋伏在麦地里的部队,并提出欢迎刘主任到他们的队部小憩。

刘少奇听完汇报后说:"好,我们就到他们的队部去,免得他们生疑。"

刘少奇骑上马,威风凛凛走在前面,来到保安队部,那位杨队长还带着队伍,在门前列队迎接呢。

稍事休息后,又走了二三里路,便到了保安。汽车站就在镇外的公路边上。路旁有几家饭馆,门前都搭着席棚。到吃晚饭的时候,护送部队分散坐在几处席棚里。刘少奇在小李等几个警卫人员的陪伴下走进一家饭馆。刚刚坐定,还未等叫菜,那位杨队长带两个人闯进来了。刘少奇等人早就料到这小子会来这一手,心中有数。见他进来,李维民立刻迎上去扯住他衣袖说:"杨队长,来得正好,一起喝一盅。"

他说:"我是来看看汽车来了没有?"这小子还真有点不好对付。

这时,刘少奇沉静地坐在饭桌旁,对来人毫不理睬。停了一会儿,大声对李维民说:"李副官,去打个电话给洛阳长官部,催他们快些派车来!"

"是!"李维民赶快跑出去了。不一会儿,他把汽车站站长带来了。站长向刘少奇敬个礼说:"报告长官,洛阳电话现在打不通,等夜里我一定接通。"

杨队长见这情形,只好边搭讪着朝外走,边说:"有用着我的地方只管说话。"

杨队长走后,刘少奇对大家说:敌人仍在怀疑我们,夜里还会派人来监视,不如把护送部队撤回去,这样可以迷惑敌人一下,同时部队夜间撤离也较安全。

护送部队悄悄地离开了,刘少奇借宿在饭馆。几个警卫人员藏在房前屋后的暗处,伸着耳朵瞪着眼,紧张地守卫着。不久,大家想起,那位汽车站站长还给洛阳打电话呢,一旦打通,不就暴露了吗?! 李维民立刻朝汽车站摸去,老远就听见那个家伙还在嘶哑着嗓子喊叫,看见李维民进来,惶恐地指了指自己的喉咙说:"你听……"李维民强忍住笑,说:"叫不通就算了,你跟我去一趟吧!"

站长一听吓坏了,连连哀求说:"长官,请不要带我走,我一定叫通。"

"不用了,你跟我到公路上随便拦一辆货车也可以。"

"是,是,一定照办。"站长如释重负似地长吁了一口气。

下半夜三点多钟,刘少奇等人终于搭上了一辆载货卡车。第二天早晨,当敌队长发现情况不对的时候,刘少奇他们已经过了临汝,脱离了危险区。

不 开 小 灶

　　这天傍晚,刘少奇在李维民、严传辉、王炳忠等警卫人员的护卫下,按预定的计划在一个小村子里住下了。床铺好后,警卫员王炳忠端来一盆热水请刘少奇烫脚。李维民转身要出去借炊具准备做饭,刘少奇叫住他说:"小李,你脚打泡了,先来烫烫,不忙弄吃的。"李维民感动得一时不知说什么好,立刻觉得脚也不痛了,转身朝外急走,心里想:"少奇同志一定很饿了,得抓紧做饭。"

　　李维民知道刘少奇喜欢吃鱼,便很想买点鱼来吃,可是没有弄到,只弄了点豆芽菜。于是,他给刘少奇炒了一盘糖醋豆芽,自己和其他警卫人员吃的是咸菜和白菜汤。刘少奇见了,就把那盘豆芽端过来和大家坐在一起吃。饭后,他严肃地对李维民说:"以后不要单做,大家一起吃,有啥吃啥。"

　　刘少奇从来不说不由衷的话,怎么说就怎么做,哪怕是一件微不足道的小事,只要说了就不含糊。大家都知道刘少奇的这一性格、作风,所以李维民一连几天没敢给刘少奇单独做什么吃的。

　　有一天过象河的时候,李维民见一家铺面里卖鱼,就悄悄地买了两条鲤鱼。心想,这两天少奇同志的胃病又犯了,饭吃得很少，而白天赶路，晚上还要看文件，写材料，一熬大半夜，身体越来越虚弱，也该补补了。严传辉见弄到了鱼，也格外高兴。不过他担心地说："少奇同志不是有话，不许单做吗？"

李维民说："有办法。只要你们配合好就行。"

过了象河，便在一个靠河的村子里住下了。李维民、严传辉、王炳忠三人各司其职，上灶的上灶，烧火的烧火，借东西的借东西，味道十足地做了个油煎辣子鱼，端正地摆在老乡家堂屋的高桌上。他们又点燃两支蜡烛，然后去下房请刘少奇。严传辉、王炳忠掩饰不住内心的高兴，嘴角上挂着笑。李维民可是有点害怕，绷着脸，心里直扑腾。

刘少奇走进堂屋，脸上隐约现出一点高兴的样子，侧过脸对李维民说："今天是什么日子呀，怎么搞得这么亮堂啊！"

李维民趁机解释说："您几天没吃好饭了，今天恰巧遇到卖鱼的，给您开开胃吧！"

"你们吃的什么？"刘少奇看着碗里的鱼问。

李维民给严传辉递个眼色，装着兴奋的样子说："我们吃的是大鱼，还没炖熟呢。"

严传辉也配合着说："是不小，一筷子多长呐！"

从他们的言谈神态中，刘少奇早看出了问题，他沉下脸说："那好，我等着吃大鱼！"说着，坐在桌子旁静静地等了起来。

这下李维民他们都傻了眼，冒了汗。看他们那紧张的样子，刘少奇也就不再追问了。最后，几个人一起，你推我让地好不容易才把那两条小鲤鱼"消灭"掉了。打这以后，李维民再也不敢给刘少奇单独做什么菜了。

妇 幼 先 走

　　1939 年 9 月，为了贯彻执行党的六届六中全会确定的巩固华北、发展华中的战略方针，党中央决定派刘少奇和徐海东带领一部分同志到华中去加强党和新四军的领导。

　　说走就走，刘少奇等人登上汽车，离开了延安，在坎坷不平的山路上颠簸了三天后到达西安。他们住在七贤庄八路军办事处。第二天清早，突然响起了刺耳的防空警报。刚刚起床的警卫员急忙跑到院子里，只见一群日本鬼子的飞机从东北方向迅疾飞来。"防空！快防空！"警卫员一面高喊，一面向刘少奇的住处跑去。刘少奇正和陕西省委的一位领导同志谈话，他们精神非常集中，显然没听见防空警报。警卫员急忙催促他俩："防空！快走！"刘少奇看了警卫员一眼："不要紧吧？"仍转向那位省委领导说："你继续谈吧！"省委的同志见刘少奇不肯走，也着急了，他说："轰炸西安，七贤庄每次都是重点，还是躲一下好。再不走，恐怕来不及啊！"这时飞机的轰鸣声越来越大，震得窗户纸沙沙响。刘少奇无可奈何地站起来说："走，你们先走！"当刘少奇和几个同志最后离开办事处时，鬼子的炸弹雨点般地呼啸而下，接着是一片震耳欲聋的爆炸声，办事处周围的房屋燃起了熊熊大火。

本来,离八路军办事处二百多米外的城墙脚下,就有八路军办事处的一个防空洞。可是,有些老百姓一时吓懵了,胡跑乱窜,却不知钻防空洞;一些初次遇到这种情况的战士,尤其是女同志,也有点晕头转向,不知所措。混乱之中,突然响起了刘少奇洪亮、焦急的喊声:"快向西北跑,进防空洞!"随着他的喊声,人们不再乱跑,开始涌向防空洞。由于洞口小,进得慢,很快在洞外挤成了疙瘩。刘少奇一见,越没秩序越进得慢,又喊道:"抱小孩的先进! 女同志先进!"顺着喊声,大家回头一看,刘少奇还站在最外边,都喊起来:"胡服(刘少奇的化名)同志先进! 胡服同志先进!"随着七嘴八舌的喊声,人堆里开始闪出一条缝来。就在这时,刘少奇发现一批敌机又要俯冲投弹,着急地说:"别让了,你们快进!"话音刚落,几颗炸弹在离他不远的地方爆炸,气浪差点把他掀倒,撒了他一身土。刘少奇站稳身子,抖抖身上的土,还是那样坚定沉着地指挥大家进防空洞。在他的指挥下,慌乱的人们有秩序地、迅速地进了防空洞。等大家都进去了,刘少奇才最后一个进去,并守在洞口,继续观察着敌机轰炸的情况。

卧 榻 猪 旁

离开西安,刘少奇等人向河南竹沟进发。一路上跋山涉水,晓行夜宿,每天行程都在百里以上,有时达一百三四十里。这天,又是走了一百多里后,刘少奇一行来到舞阳县城附近的一个小村庄时,已经是繁星满天了。这个庄子小得很,好不容易才找到一间漏风透气的破草房,里头还拴着一头猪。人们过去,一股难闻的气味扑面而来,那头猪也嗷嗷直叫。有人蹙眉苦脸,手掌直在鼻子底下扇呼,希望把那股臭味扇走。可烦归烦,还得住这儿呀,没别的地方。于是,征得老乡同意,大家从场院抱来麦秸,靠南墙根一溜撒开。累得够呛的人们,把背包一铺开,多数人就和衣躺下,很快呼呼睡着了,什么猪啊,臭味啊,都顾不上了。

此时,刘少奇找老乡谈话还没回来。为了让他休息好,几个没睡的同志决定再到村子里去,寻间条件稍好点的房子。没走几步,迎面碰上刘少奇回来。问明了缘由,刘少奇坚决不让他们再去找房,说:"我们就睡一夜,天又这么晚了,不要再去打扰老乡们了。其他人不都睡了嘛,我有什么不能睡的?"回到那间破草房,刘少奇见离猪最近的地方还空着,就说:"这儿不是很好吗?"说着拎过自己的背包,动手解起来。一个同志说:"你住这屋也行,但要换个位置!"

刘少奇说:"别争了,争也没用!"说话间,已经和衣躺下。夜静悄悄的,只有那头没想到有这么多人给它做伴的猪在不停地哼哼,好像在为这些"不速之客"唱催眠曲。

　　一路上,刘少奇就是这样,白天和大家一样走,晚上和大家一起睡,吃一样的饭,睡一样的地铺。经过豫西国民党第二战区时,刘少奇扮作有公开身份的徐海东同志的秘书,尽管国民党的道道关卡盘查很严,也没发现半点破绽。因为他们做梦也不会想到,一个身上沾着草叶,草鞋上沾着泥巴的人,会是中共中央代表、中原局书记——刘少奇。

重 视 人 才

　　1940 年 10 月的一天,刘少奇派通信员把新四军华东总指挥部特务团团长姜茂生叫到指挥部,询问了特务团里的一些情况后,对姜茂生说:

　　"茂生同志,现在准备给你们配一个副团长,欢迎不欢迎?"

　　姜团长心想:配个副团长,我们团的领导力量不就更强了吗,这还不欢迎? 于是,他爽快地回答:"感谢首长对我团的关怀!"意思是欢迎啊! 当然,他得弄清楚"副团长是谁"。满脸的急切。

　　"名叫王子贤,原在泰兴教书。"

　　"知识分子?"

　　"对,不大不小的知识分子。"

　　一听说是知识分子,姜茂生怔住了。因为当时在军队干部中,对知识分子还很不理解,没有注意到知识分子的重要性,存在着歧视知识分子的心理。他怀疑,一个知识分子副团长到我们团能搞好吗?

　　刘少奇看出了他的情绪变化,就向他更详细地介绍说:"别看王子贤只有二十几岁,可是个有理想、有抱负的青年哟! 他不堪忍受日寇对我中华民族的蹂躏,毅然弃教从戎,弃文从武,在泰兴组织了四百多人的队伍来参加我们新四军,你说,这样的知识分子我们还不欢迎?"

"首长,不是不欢迎,我是怕干部们的思想不通。"姜茂生还是有些顾虑。

"那就和同志们讲讲道理,好好做做工作嘛! 只要你们当领导的认识正确了,思想统一了,我看问题就好办。"

"是! 坚决按首长的指示办,回去后,我们好好统一一下思想,迎接王副团长到任。"

刘少奇满意地点了点头。

姜茂生的思想通了,可团里其他干部的思想还没通。在特务团领导干部会上,姜茂生把上级的安排和人选一说,会场立即吵嚷开了。有的对王子贤抱不信任的态度,有的甚至认为让王子贤当副团长是小材大用。尽管姜茂生做了许多思想说服工作,可干部们的思想还是转不过来。

这种情况被刘少奇知道了。为了端正大家对这个问题的认识,他就亲自来到特务团,把团里的主要干部召集在一起,问大家:"你们对王子贤当副团长有意见? 跟我说说,好吗?"

干部们见刘少奇态度和蔼可亲,不是板着脸要训人,就放心大胆地说开了:"一个知识青年,兵没带过,仗没打过,能当副团长?"

"就靠带来那几百人,就当个副团长,怎能服众?"

"知识分子架子大,咬文嚼字的,能和咱大老粗搅在一起?"

……

等大家把话说完，刘少奇呵呵地笑了起来，诙谐地说："嗬！意见还真不少，一摆就是一大箩，我看：你们存心是不想要这个副团长喽！"

接着，刘少奇没有直接回答大家提出的问题，而是边提问边说："你们说说，现在是怎样的抗战形势？日寇亡我之心不死，又在策划新的、更加残酷的战争！汉奸汪精卫已跪倒在日寇脚下，卖国求荣！国民党顽固派正在联汪反共，竭力破坏抗日！而我们呢，既要坚持抗击日本侵略者，又要同国民党顽固派作坚决的斗争，这就需要我们动员一切抗日力量，才能取得抗战的彻底胜利。可是，你们偏偏忘了，对于知识分子的正确政策，也是革命胜利的重要条件之一啊！在长期残酷的民族解放战争中，在建立新中国的伟大斗争中，没有知识分子的参加，我们能够组织起一切伟大的抗日力量吗？革命能够胜利吗？不能！所以，我们共产党必须善于大量吸收知识分子，以任何理由和借口歧视、排斥知识分子都是错误的！"

停了一会儿，刘少奇继续说："你们说王子贤不能当副团长，理由一大箩，可都是没有道理的。我的看法跟你们正相反：（一）他年纪轻，有文化，有知识，现在部队很缺乏这样的人才；（二）他在泰兴一带宣传抗日，起了很好的作用，在群众中威信很高，这说明他有一定的号召能力；（三）他虽然没有指挥过打仗，可组织领导能力却很强，在很短的时间内能组织起一支四百多人的抗日队伍，这就很了不起！我想，今天我们用了一个王子贤，今后就会有十个、百个、千个王子贤来参加我们的队伍，那我们的力量不是更强了吗？

你们说是不是?"

　　一席深刻、具体、有理有据的话语,使特务团的干部们理屈词穷、心悦诚服了,都不好意思地低下了头。

　　最后,刘少奇问大家:"你们想通了吗?"

　　"我们一定真心实意地欢迎王副团长的到来,团结、支持他的工作。"大家齐声回答说。

　　看大家真正想通了,刘少奇脸上露出了高兴的微笑。

谁 能 无 过

1940年底，抗日军政大学第五分校在江苏盐城成立。刘少奇对它十分关心，在繁忙的工作和指挥作战之余，他经常到学校了解学员的思想和学习情况，亲自给学员授课，并经常参加学员们的学习讨论会，解答同志们提出的各种问题。

这天下午，刘少奇由教育长谢祥军陪同来到上干队一队。

"同志们在讨论什么问题呀!"刚坐下，刘少奇就笑眯眯地问。

"我们在讨论认识和实践的关系这个问题。"上干队队长姜茂生站起来回答。

"嗯，研究这个问题很有必要。"刘少奇点点头说，"这个问题弄不清楚，就会跌跤子，犯错误!"他把手放在桌上，用慈祥的目光环视一下学员们，和蔼地问道：

"你们说说，人为什么会犯错误呢?"

不知是因为这个问题提得太突然呢，还是同志们觉得这个问题太平常，只见学员们你看看我，我看看你，面面相觑，只笑不语。

见状，刘少奇打趣地说："怎么! 这个问题太简单是不是？你们可别轻看这个问题哟！这个问题真正弄懂了，认识和实践的关系这个问题也就明白了。"

一番话，犹如油锅里撒上一把盐，讨论的气氛顿时活跃起来，学员们无拘无束地说开了：

"这还不简单，由于觉悟不高呗！"

"由于理论水平过低！"

"有些人是因为个人主义严重！"

"有的人是由于经验不足！"

听完大家发表的意见，刘少奇微微一笑，"你们说的这些都有一定的道理，可都没有把问题说透哟！"

"哟，这个问题还那么深奥吗？"学员们交头接耳，窃窃私语，随即安静下来，注视着刘少奇，等待着透彻的解释。

这时，刘少奇沉思了一会儿说："有的人为什么会犯错误，根本的问题是：由于理论和实践相脱离，主观和客观不一致，因而无法认识客观世界的规律，也就无法运用这一规律去改造客观世界。"

"主观和客观不一致？"有的学员不解地问。

"对呀！毛主席曾经说过，人们要想取得工作的胜利，即得到预想的结果，一定要使自己的思想合乎客观外界的规律性，如果不合，就会在实践中失败。"

为了使学员们加深对这个问题的理解，刘少奇又进一步指出："马克思主义不仅要认识客观世界，更重要的是去改造客观世界。要改造它就要认识它，就要掌握它的规律。中国共产党人的目的是要认识中国的客观实际，改造中国的客观实际。而我们有的同志对中国的过去和现在一无所知,或半知半解,这样,怎么能不犯错误呢?"说到这里,他心情沉重地说:"大家好好想一想,我们党的历史上这样的沉痛教训还少吗?我们千万不能忘记哟!"

"当然,"他又把大家从沉思中唤醒,"认识是逐步深化的,开始只能看到事物的现象和片面,看到各个事物之间的外部联系,只有通过不断地实践,认识才能不断深化,才能认识到事物的本质。所以,错误是难免的,问题是要认识错误,改正错误,变坏事为好事。"他举了一个生动易懂的例子,说:"就拿火来说吧,认识了它,运用了它,就能造福于人类。相反,如果不认识它,不掌握它,就会起极大的破坏作用,甚至会烧死你。"

这一番谆谆教诲和深入浅出的讲解,使学员们对认识与实践、主观与客观的关系有了深刻的理解,大家报以热烈的掌声。

等大家重新安静下来,刘少奇又说:"同志们既弄懂了人为什么犯错误,那么,我再问大家一个问题,怎么对待犯错误的同志?"

"惩前毖后,治病救人!"

"团结——批评——团结!"

学员们又兴奋起来,高声回答。

"对!用更通俗的一句话来讲,就是要'活血化瘀'。"

"活血化瘀?"学员们头一次听到这样的名词,感到新鲜好奇,嘴里叨咕着。

只听刘少奇接下去说:"对于确实犯有错误,包括犯有严重错误的人,批评要适当,要做好思想转化工作,使他们知错、认错、改错,在他们有了实际行动之后,要鼓励和正确对待他们,化消极因素为积极因素。这些做法,用一句中医界的术语作比喻,就叫'活血化瘀'。"

　　生动的比喻、精辟而深刻的讲解,将学员们引入深深的思考之中。

特 制 的 鞋

皖南事变以后，党中央电令刘少奇(化名胡服)任新四军政委。当时，敌我力量悬殊，环境十分恶劣，新四军军部刚刚重建，该做的内部工作也很多。为了新四军的发展壮大，刘少奇比以前更忙了。他穿着一双补丁缀补丁的布鞋，到战士中间去，询问战士疾苦和战斗情况；到老百姓中去，访贫问苦，发动群众抗日救国；到前线阵地去，观察敌情，部署战斗。没几天，他脚上的那双布鞋就张开了"狮子口"，不仅一双没有底儿的"转脚袜"露了真面目，连脚趾头都露了出来。大家见了，心里头真是既敬佩又难过，再三劝他换一双新鞋。他笑了笑说："别瞧这鞋有些破，它的功劳可不小啊！跟我从陕北到津浦路东，有感情啦！让皮匠补一补还可以穿嘛，不用换了。"停了一会儿，他又说："以后哇，大家不要把心操在我身上，要想到四万万同胞。"

1942年在停翅港，有一天陈毅同志拿来一双新鞋，指着刘少奇脚上的"狮子口"说：

"看你这双鞋，成了'特制'的了，该换一下啦！"

"缝缝补补穿了五年，舍不得丢呀！"

陈毅微笑着说："我以军长的身份命令你，赶快换一双新鞋。"

刘少奇也微笑着说:"你是军长,我是政委,现在战士们生活这么苦,我们要同甘共苦。你当军长,开口就是命令,做思想政治工作一点耐心都没有,我要反抗!"

哈……哈……哈,两个人同时大笑起来,笑得是那样爽朗、酣畅。刘少奇脚上的那双"特制"鞋,张着"狮子口"随着刘少奇身子的抖动前后晃动着,仿佛也在欢笑着……

仓 头 扶 贫

1940 年冬天,抗日战争进入了极其艰苦的时期,中共中央为了加强对华中军事的领导,扩大抗日民主根据地,决定建立华中新四军八路军总指挥部,于 11 月 17 日在海安县城宣告成立。11 月 23 日总指挥部机关迁至盐城文峰路文庙中。时任政委的刘少奇刚到盐城时,为深入农村调查研究,做好组织发动群众工作,经与陈毅商定后,在中共盐城县委安排下,在距城郊西面 6 华里的永仓乡,住进有 60 多户、200 多人口的仓头庄首李士琢家。

刘少奇在迎风冒雪走村串户访贫问苦中,得知仓头庄的人民群众饱受日寇侵略扫荡之苦,加之这年干旱无雨,河流干涸,使栽插下田的秧苗枯死,补种的黄豆、绿豆等歉收,老百姓的生活苦不堪言。尤其是大多数贫困户房屋破漏,衣不遮体,吃了上顿没下顿,很是困难。刘少奇召集乡农救会会长孙汉洪、村长兼农救会长李永珠、农会小组长李柏青等开会研究,对特困户先行救济,由军队后勤部供应科拨出部分粮草分配给他们,以解燃眉之急,并派军医为李锦喜治好了病。刘少奇还把自己穿的两套旧军装派战士送给李锦喜。同时发动农救会向乡里地主、富农借粮,帮助贫困户解决粮荒度寒冬。

刘少奇深知救济困难户仅是救急,要真正解决困难,必须发动群众走生产劳动自救之路。他同后勤部同志商定后,决定在仓头庄办军粮加工厂,由乡农救会把困难户的整劳力与半劳力搭配,组成 30 多家军粮加工厂,总厂长由村长李永珠担任。起初,这些军粮是由地方上的个体大户磨坊加工的,按比例提取成头。现在给这些困难户加工,土法上马,拉砻褪去稻壳子,碓臼舂大米,石磨磨小麦干面,在提成上给予优惠。加工小麦由原来上交 82% 下降到 78%,大米从上交 80% 下降到 75%,让困难户有利可图。这些农户欣喜地起早睡晚地干,保质保量上交成品粮。从提留中得到的大米、面粉不仅吃饱了肚子,同时各家还买了小猪,用糠麸饲养,既能积肥垩田多收粮食,肥猪卖钱又增加了经济收入。他们从内心感谢共产党,激发爱国热情,青年人踊跃参军参战,抗日保家卫国。

仓头庄的干部群众与新四军的领导干部朝夕相处半年多,只知他是胡服胡政委,而不知他是刘少奇。由于刘少奇同志关心人民群众疾苦,深受当地人民群众爱戴。

少奇同志离开仓头庄已经 60 多年了,而仓头庄的老人仍在怀念他。笔者有一年夏天在仓头庄采访时,走访了当年参加军粮加工厂的几名贫困户,其中有一位老人名叫李守湖,他已是 80 高龄的老党员了。他说:"当年加工军粮有诀窍呢,一百斤小麦磨下来可赚四五斤干面,一百斤稻子加工后,可赚四五斤大米,小麦麸子和米糠养猪赚大钱。这是刘少奇同志有意让我们穷人占便宜的。不然,我们早就饿死了。"

（王荫）

真 情 送 蛋

仓头庄农民黄凤恺家住的陈映同志,是鲁迅艺术学院华中分院戏剧系第二主任许晴的爱人,她担任永仓乡的民运队长。她见黄的妻子王志云,是个40多岁勤劳善良能干的农村妇女,便培养她做积极分子。为了便于开展群众活动,经组织批准,她还认王志云为干娘。陈映走村串户时,就把王志云带上做引见人,提高她思想觉悟让她学会做妇女工作。陈映向刘少奇(化名胡服)汇报工作时,有时也把王志云带去。王志云看到胡服白天经常走访群众,夜晚在煤油灯下批阅文件写文章,熬到深更半夜才休息。因为劳累过度,又缺乏营养,40多岁的人脸上总是黄巴巴的,身体瘦弱还时常咳嗽。王志云想到胡首长是为打鬼子和帮助穷人解放而远离家乡闹革命来吃辛受苦的。俗话说:"人心都是肉做的",她心里有些发酸,便想对胡首长表示一点小心意。

王志云家养了两只黄母鸡,生的蛋家里舍不得吃,聚起来卖钱买油、盐、火柴、火油等吃用。这回她把鸡蛋聚起来不卖了,有正用。有一天,鸡窝里老母鸡"咯咯蛋,咯咯蛋"地叫起来了,她小儿子长标知道母鸡生蛋了,连忙伸手把鸡窝里热烫烫的鸡蛋拿出来对妈妈说:"妈妈,我要煮鸡蛋吃。"王志云对儿子说:"乖乖,往常你要吃鸡蛋,妈妈就煮给你吃,这回可不行!"儿子问:"为什么?"

王志云把小儿子拉在身边问:"乖乖,你说住在我们庄上新四军的领导人胡伯伯好不好?"

"好,他领导新四军叔叔打鬼子,还帮助我们穷人闹翻身,真好!"小长标甜甜地说。

"这话,是听谁说的?"

"妈妈,我是听你跟爸爸说的,你说过好几遍呢,怎么忘了?"

"我的好乖乖。"王志云高兴地抱起了小儿子说,"告诉你,胡伯伯为了打鬼子把身体忙坏了,没得好东西补养,经常咳嗽。我想把鸡蛋聚起来送给胡伯伯吃,你看好吗?"

"好的!"小长标懂事地说。

有一天下午,王志云把聚好的30只鸡蛋放在篮子里用毛巾盖上,挎在臂弯走进李士琢家,借向胡服同志汇报工作的机会,把鸡蛋送给他。胡服笑眯眯地说:"志云同志,谢谢你的美意,鸡蛋我不能收。"

王志云问:"为什么?"

胡服说:"我这里一天三顿吃得饱的,比起你们的生活好多少倍了。再说,鸡子是你们农民的小银行,还请你把鸡蛋拎回去吧。"他边说边咳嗽。王志云正在为难之际,她见民运队长陈映跨进门了,高兴地说:"陈队长,你来得好,你叫我送些鸡蛋来给胡首长补补身子,可他就是不肯收,你看怎么办?"王志云边说边向陈映使了个眼色,意思是请她帮忙说服胡首长把鸡蛋收下来。

陈映同志心领神会地说:"不错,鸡蛋是我叫她送来的,请你收下吧。我干娘是老农民,又不是地主。"

胡服听这话,当即批评陈映说:"陈映同志,我知道她是农民群众,可你是新四军干部,怎么把'三大纪律八项注意'忘了,我们应当多关心群众疾苦,而不能随意吃老百姓的东西。"

机灵的陈映灵机一动说:"我接受你的批评,不过你要知道,这鸡蛋是我干娘家鸡子生的,可蛋钱我已付给她了,是我叫她把鸡蛋送过来的。"

王志云见陈映帮她说话,连忙接过话茬说:"对对对,蛋是我家鸡子生的,钱是她付的,你是陈队长的上级领导,她送些鸡蛋给你吃,这又不犯法,这下子你该把鸡蛋收下了吧。"

胡服见她们两个像演戏似的一敲一答的觉得好笑,便改口说:"好吧,这回我把鸡蛋收下来,下不为例。谢谢你们二位的美意。"

王志云和陈映会心地笑着说:"这就对了!"正当她俩高兴的时候,刘少奇对陈映说:"陈映同志,你不愧是戏剧系主任许晴同志的夫人,真会演戏呀。我看你们不要卖关子了,鸡蛋我收下来,钱是要给的。"说罢,就从口袋里掏出两张江淮票子(根据地银行发行的)交给王志云说:"情意我领了,但钱你要收下。俗话说'瘦头财主穷大方'。我们共产党有了你们这些好心的农民群众的支持,何愁日本鬼子打不垮,中国革命一定会胜利的!"

胡服同志一席话,像一股暖流涌上王志云的心头,她看看手中两张江淮票子，止不住地泪水从脸庞上往下滴，心里想说些什么，因为过分激动又说不出话来。

这时候，胡服同志又从篮子里拿出 5 只鸡蛋交给王志云说："麻烦你将这几只鸡蛋送给李徐氏李奶奶，她是孤寡老人，因生活困难未养鸡，给她补补身子！"

王志云见胡服如此关心李奶奶，就想起了他才来庄上时，在访贫问苦中还亲自到李奶奶家走访，了解了她的处境。回来后交代炊事班长天天端饭菜给李奶奶吃；还派警卫战士为李奶奶修好了破漏的丁头舍子。李奶奶感激万分，常念："阿弥陀佛，保护共产党新四军打胜仗，保佑胡首长长命百岁。"王志云心里想，世上哪有这样为老百姓办事的好领导。她再望望手里的鸡蛋，心情更加激动，她不由自主地"哇啦"一声哭起来了。站在一旁的陈映同志也止不住地流下了激动的泪水。

（王荫）

"代 理 地 主"

　　当年,新四军来到盐城后,刘少奇和陈毅召集盐城地方士绅开会。盐城十八团,就是现在建湖县庆丰乡,有个姓乔的地主,听说新四军召集开会,心里害怕,不敢去,就叫长工马玉甫代理出席,并嘱托说:"新四军要什么,你根据会上情况决定,我都承认。"第二天,乔地主给长工马玉甫换了一套整齐的服装,到盐城去开会了。

　　开会时,主持人说:"欢迎胡服同志讲话。"胡服讲话的主要精神是抗日。要抗日,就要发动农民,要让农民有饭吃,有衣穿,那就要实行减租减息,也就是要实行四六分收,二五减租。种田的农民粮食得六成,地主得四成;如果原定十担租子,就要减去两担半;也不准高利盘剥。

　　胡服同志报告以后,与会人员进行了讨论。有的地主表面上说:"胡服同志报告好哇,打鬼子,保家乡,这是大好事。"然而,一谈到四六分收,二五减租,关系到他们切身利益了,就很少有人发言了。马玉甫心想:这样做,对我们穷兄弟大有好处。乔老爷今天既叫我代他开会,我就要说几句。于是,他就说了:"长官,我同意胡服同志报告中所提出的发动农民的办法,四六分收,二五减租……"

　　胡服他们一听,哎,西乡十八团的乔地主倒很开明,不

错,打破了会议的僵局。会议结束,胡服同志找他谈话:
"十八团的乔先生,你很开明嘛。"

马玉甫说:"我不姓乔,我姓马,是代表乔地主来参加
会议的,但他和我相约,我在这里说的,他都认账。"

胡服同志开玩笑地说:"那你是'代理地主'了。"后来
他看马玉甫忠诚老实,又是长工出身,心里很高兴,要他参
加革命,为穷人闹翻身,谋福利,并委任他当了农会干部。
胡服同志为了帮助他建立威信,让他在十八团说话有用,还
同他商议,决定把十八团一个姓陆的恶霸地主抓来,叫马玉
甫出面来保,一保就放人。

没两天,陆恶霸就被抓上了盐城。陆婆子和儿子陆大
少请人到盐城去保,没有用。三番五次求情,都没有用。有
人说:"请马玉甫马大爷看看,他现在是什么会长呐。"

陆婆子和陆大少眼里哪有马玉甫,他是乔老板家伙计,
有什么用?又有人说:"马玉甫是农会会长哩,同新四军常
有来往,可以试试。"

病急乱投医。陆婆子和陆大少爷请马玉甫了,见面就
说:"马大爷,我家老板被带上盐城了,想请马大爷去保
一趟。"

"我去恐怕不行吧?"

"无论如何,请你帮帮忙。"

马会长说:"看在庄邻的份上,就试试看吧!"

"那明早我们用小船送你去。"

"用不着,我人不去,写个条子给你们带去就行了。"陆
婆子和陆大爷心想:"你又不太识字,写个条子,新四军就

同意放了吗?"可是,任你怎么说,怎么请,他就是人不去。没办法,第二天,只好带着马玉甫写的歪歪斜斜的几行字,没精打采地去盐城了。

纸条上写的什么呢? 写的是:"胡将军,去人请把陆老板放回,由我担保。"下面写上马玉甫三个字。

陆家人到了盐城西门泰山庙内新四军军部,站岗的不让进。他们就拿出了马玉甫的纸条子,对站岗的说:"我们有马会长带给胡服将军的信。"

站岗的说:"你们等一下,我去通报。"

里边很快传出话来:"有马会长的信,让他们进来。"

陆氏母子,加上个把陪同的人就进去了。交出马玉甫给胡服将军的信。里边几个人碰了下头,出来说:"我们马上放陆老板回去。虽然陆老板在地方影响不好,但有马会长担保,我们放他回去就是了。"

不多时,陆老板被带来了,一个长官对他说:"你回去后,要积极抗日,实行减租减息。"

陆恶霸和他家里人连连称是,回去的路上,他们打心眼里佩服,这个马玉甫真不简单呐!

从此以后,马会长在十八团的威信大大提高了。

（王荫）

智 闯 芦 荡

在日本鬼子侵占盐城的时候,新四军军部转移了。陈毅军长带着部队打击日寇去了,胡服带着几个干部转移到十八团那地方,就是现在的建湖县庆丰乡。

一天,胡服同志正和马玉甫计划开展新的斗争时,日本鬼子的汽艇竟追踪来了,把个十八团圩区包围起来,并且包围圈子越缩越小。河里是汽艇,岸上是步兵。日本鬼子仿佛知道在他们包围圈子里有个新四军的大干部。当时,外人也不知道胡服是谁,只知道是个大人物。

马会长为了帮助胡服同志跳出包围圈子,过十顷荡,便秘密召开党员会议,还跪在小木桥上,对着月亮盟誓:"谁对革命变心,五雷击顶。"

第二天,鬼子汽艇进入了十八团的内河,碰上了一个出棺材送葬的小船。原来,披麻戴孝怀抱哭丧棒的孝子,就是胡服同志。棺材里装的军部文件。鬼子汽艇靠上来查问:"是谁的死了?"

因胡服是外乡人,不便答话,由马玉甫代答:"按我们地方风俗,孝子不能说话。死的是我的婶娘。"

"什么病死的?"

"麻症,也就是盐城人说的霍乱。"

　　鬼子一听霍乱,是严重的传染病,问上几句就把汽艇扬开了。马玉甫把小船撑到十顷荡,在一块高地上,将棺材抬上去,用泥封好,把哭丧棒一插。胡服同志就在这荡心芦苇丛中蹲了一天一夜。然后由马玉甫悄悄撑船进十顷荡,把胡服送出了十八团,经过冈西、钟庄、高作,前往阜宁陈集子去了。

（王荫）

三　请　兽　医

抗日战争的时候,刘少奇住在阜宁汪朱村朱启干家。当时,他在这是办华中党校,不少营级以上的干部到这里来学习,个个骑马,一边学习、一边打仗。没多少天,不少马生病了,有的喘气、有的鼻子眼淌脓,病还不轻呢。刘少奇看在眼里,急在心里,打听地方哪块有兽医。

陈集小曹村有个曹志栋,因为他兽医手艺不错,四乡八镇的都晓得。刘少奇一听,带上通信员,直奔小曹村而来。

曹志栋一家,见两个当兵的来了,全都吓呆了,以为不是抓人,就是抢东西,且嘴里还是连连打招呼:"老总!家里坐!家里坐!"刘少奇连忙说明来意:"我们是新四军,是不抢东西的。"还拿出香烟给曹志栋抽。曹志栋哪里敢接受,说到为马治病,曹志栋不敢说不去,也不敢说去,假装生病,说不能去。那时新四军才到此地,不知是什么军队,心里没底。刘少奇看出了曹志栋的心思,就说:"这样吧,你身体不好,就蹲在家里,我们马上把病马牵过来,请你望望,你说行吗?"曹志栋一听说要到他家就诊,忙说:"行啊!行啊!保证尽心尽力!"

刘少奇走后,病马真的牵来了。人家新四军那些干部对曹志栋尊重呐,未曾看病,多远就立正敬礼!请"马"医生治病。到临走时，还把 3 块银圆作为诊疗费。曹志栋吓得活活咿咿，那块敢要。不管怎么说，他就是不收。刘少奇知道后，第二次来曹志栋家说："我们请你为马治病，工钱一定要收下的，我们新四军铁的纪律是不能违反的。再说，你们做得公平，我们也要来个合理嘛。"说得曹志栋连连说"逗"，收下工钱。

从此，曹志栋每天为马治病，后来，战斗不断，老打仗，病马越来越多，来不及按时治疗。刘少奇就会同汪朱乡农会主任，第三次登门，请曹志栋当"马医官"。这次不同了，因刘少奇已和他相处多次了，熟悉了，也就无疑了。当刘少奇来到时，曹志栋就问刘少奇："怎么病马反比以前多了呢?"刘少奇操一口湖南话说："你问这话，我看，一是瘟疫流行，二是战斗频繁，病马又比以前多了起来，今天我来就是请你当'马医官'。不知你能不能答应邀请呐。"曹志栋嘴里不停地说："行，行，一定去!"众邻居也说，"去呀! 现在人家用着你人，怎么能不去呢!""振华爹哎，家里事由我来，你就跟他们去吧。"曹志栋的老婆也催他。

当天，曹志栋就跟刘少奇到政治部去，当了"马医官"，病马得到及时治疗，很快恢复了健康，重新奔赴战场。

（王荫）

办 兵 工 厂

　　1941 年 1 月 25 日，新四军在盐城重建军部，军部先设在文庙里，后转移到西门泰山庙。新四军政委刘少奇、代军长陈毅、副军长张云逸、参谋长赖传珠、政治部主任邓子恢同志，运筹帷幄，领导新四军和盐阜人民，进行艰苦卓绝的抗日斗争。当时，环境十分恶劣，物资严重缺乏。刘少奇同志非常关心群众生活，深入农村，访贫问苦，问长问短，没有一点架子。当老百姓得知刘少奇同志是新四军中最大的"官"时，十分感动，还千方百计拿出鸡蛋、粮食支援军部，被少奇同志一概劝阻。

　　刘少奇等领导同志，研究布置抗日事宜，感到最棘手的问题，就是缺少枪支弹药，上级也无法配给，用的都是陆续从敌人手中夺取的武器。有些亟须修理，满足不了战场上的需要。怎么办？研究再三，决定自己办个兵工厂，既能修理又能生产。但是，办个兵工厂谈何容易，既不能在城里办，又不能离城太远，还要交通方便，便于运输，关键是要有现成的空房子。那时候，在贫穷落后的盐阜农村，要找个隐蔽、宽敞、能够安全生产军火的场所，真是打起灯笼也难找。少奇同志与新四军三师师长黄克诚等同志，发动群众，集思广益，调查研究，功夫不负有心人，在地下党组织同志的介绍下,竟找到了盐城县龙冈乡高范村。村里有座始建于清末保存完好的高氏宗祠。北有三间正殿,西有厢房三间,南屋同样是三间,东面是围墙和出入大门,占地约有三亩左右。刘少奇、黄克诚等同志到实地一看,如果能在高家祠堂里办个小型兵工厂,实在是太好了。可要在摆放高氏列祖列宗牌位的祠堂里修造刀枪,那可是民间大忌。这让刘少奇、黄克诚等领导同志犯了难。然而没想到的是,高范村高恒铸先生的长辈、族长高永清、高永昶得知新四军需要借用祠堂办兵工厂,生产武器打击日本鬼子时,他们与全体族人协商,最后一致同意将祠堂让给新四军作为兵工厂之用。得到这个消息时,刘少奇等领导同志大喜过望,对高氏家族深明大义、全力支持新四军,表示衷心的感谢! 研究决定委派师长黄克诚同志筹办兵工厂。在当地党组织的支持下,发动群众,纷纷捐献铁器、铜器等物资,兵工厂很快就筹备就绪,拥有土车床等十多台设备。从此,这里生产出的枪炮子弹,源源不断地运往盐阜抗日前线,有力地打击了日本鬼子的嚣张气焰。当时具体负责兵工厂的是一位姓翁的部长和一位杨教导员。在兵工厂生产过程中,刘少奇同志多次指示,一定要注意安全,依靠当地群众,保护好兵工厂。后因工作需要,党中央决定调刘少奇同志回延安,1942 年 3 月 19 日,刘少奇同志离开盐城。

1942 年 8 月 7 日(农历六月二十六日),组织上得到打入敌人内部的地下党员的情报,兵工厂已被汉奸告密,日本鬼子在这两天就要偷袭。于是,立即汇报上级领导,上级指示,尽快组织兵工厂的干部职工,依靠当地党组织,连夜紧急转移。在当地群众的积极支持下,紧急拆卸包装,核心设备、资料全部不惜一切代价运走,装了六条小船,从水路运到东沟益林。实在来不及运走的设备,沉到庄子北边的河里。果然,第二天日本鬼子从盐城开着汽艇来袭,结果扑了个空,气得哇哇大叫,用钢炮把高家祠堂炸毁。小鬼子还强迫当地群众下河打捞,收获甚微,好多不识水性的群众被打得死去活来。敌人的残忍,使广大群众对小鬼子恨之入骨,也更激起了群众斗志。许多在兵工厂帮过工的小伙子,纷纷参军入伍,走向抗日的前线,为彻底打败日本强盗,贡献出自己的青春和热血!高氏宗祠也为盐阜人民的抗日事业作出了巨大牺牲,党和人民也会永远铭记这段历史。

（王爱东　整理）

雪 中 送 炭

　　1941年7月,中共中央华中局和新四军军部主动撤出盐城,经湖垛转移到阜宁县境,11月由侉周移驻陈集乡停翅港。华中党校转移到阜宁县陈集乡汪朱集后,继续办学。少奇同志还兼任华中党校校长。当时,少奇同志就住在汪朱集小街中部的朱其干家,那不到10平方米的茅草屋便是他的办公室兼卧室。虽然少奇同志身体不好,但仍带病坚持,不分白天黑夜,总是在屋内伏案工作,认真地处理党务、军务,并为华中党校的学员们准备讲稿。傍晚时分,他时常到村头散步。

　　一天,夕阳落山,明月东升。此时,少奇同志散步归来,走到大汪塘边见几位妇女在月光下边洗衣服边闲谈。从一位年轻妇女与一位中年妇女的对话中,他得悉村里的一位叫毛粉来的贫苦农民,一家几口人,没吃没穿,穷得叮当响,几乎出不了门了。几位妇女的谈话,他听在耳里,记在心中,并在脑海中盘桓。他边走边想:我们共产党和八路军、新四军作为民主的势力,愿意为大多数人民、为老百姓服务,我们党和军队的根本宗旨,就是全心全意为人民服务,为广大人民群众谋利益、谋幸福。我们共产党除了人民的利益与目的外,没有其他的利益与目的。现在,人民群众有了难处,我们应该想想办法,帮助他们克服困难,渡过难关……想着想着,他不由得加快了步伐。

回到住地后,少奇同志便让警卫员叫来两名女战士,将刚才他听到的情况对她俩说了一遍。为解决毛粉来家的燃眉之急,他让两位女战士带上6尺白布、两条毛巾、两块肥皂等物品,先送给他家。少奇同志一再叮嘱道,今晚一定要把这些生活用品送去。摸不着门,可以去问问周围老乡。两名女战士走后,少奇同志又考虑如何帮助解决毛粉来家的吃粮问题。

两名女战士离开少奇同志的住地,便到后勤部门领了白布等物品,来到毛粉来家。面对突然到来的女战士与她俩带来的白布等物品,毛粉来显得十分激动,但又不敢贸然收下,遂问这是怎么一回事?一位女战士亲切地说,白布、毛巾等是首长叫我们送来的,大妈您就快收下吧!毛粉来便问:"你们的首长是……"另一位女战士便对她说,就是每天傍晚到村头散步的那个高个子首长,身体瘦瘦的,眼睛大大的……毛粉来接过两位女战士送来的白布等物品,顿时,两眼溢满了泪水。

翌日,毛粉来在村里到处打听那位"高个子首长",并将他派人给她家送来白布等事情告诉了周围的乡亲们。乡亲们告诉她,那位"高个子首长"就是住在我们村朱其干家的新四军政委刘少奇啊!

"真是雪中送炭!"毛粉来一家感谢不尽,一再说:"共产党好""新四军好""刘政委好"。后来,少奇同志离开汪朱集多年了,毛粉来每当回忆起当年"刘政委送白布"的往事时,总是激动不已,热泪盈眶……

（张开明）

两 条 毛 巾

    1942 年元旦前夕,少奇同志在朱其干家抓紧时间赶写讲稿,因元旦那天,他将应邀给华中党校的学员作报告,题目是《一九四一年的总结及一九四二年的任务》。

    虽是隆冬时节,住避风朝阳的地方,依然是暖融融的。一天下午,少奇同志停下手中的笔,让警卫员小陈到小街上找个理发师傅,替自己理一理发。因为新的一年快要到了,他想以新的面貌去迎接它,总不能胡子拉碴、不修边幅地出现在党校学员的面前吧!

    于是,小陈便到汪朱集小街上去打听:街上有几位理发师傅,哪一位理得好一些?经乡亲们介绍,戴成章师傅理得好。根据乡亲们的指点,他找到了戴师傅的家。他向戴师傅说明了来意:我们首长想请您去替他理发。

    戴师傅听了欣然应允,立即拿起理发工具,随小陈到了朱其干家——这位想理发的“首长”的住处。

    一进门,戴师傅就看见这位瘦瘦的高个子“首长”正在埋头写东西,当小陈向少奇同志介绍以后,少奇同志十分热情地和戴师傅打招呼,亲切地和他握手。戴成章见到这位“首长”,觉得十分面熟,因为他常常看见“首长”在傍晚时外出散步,还有背盒子枪的警卫员远远地护卫着他。他心里这么说,这样的"首长"一定是共产党的大干部,是为我们老百姓操心劳碌的好人! 现在,虽然见到了曾经见到过的这位"首长",但不知道这位"首长"姓甚名谁。

理发时,"首长"还和蔼地询问戴成章家里有几口人? 经济情况怎么样? 生活得如何? 还询问了他家周围的乡亲们的生活情况以及减租减息、发展生产、改善群众生活的有关情况等等。戴师傅见"首长"这么和蔼可亲,一点也不感到紧张了,无拘无束地一一作了回答。因为每到一地,关心群众的疾苦,认真地向人民群众做调查研究,访贫问苦,已成为少奇同志的一贯作风与习惯。后来,即 1942 年 3 月少奇同志奉命调党中央工作,在回延安的途中,根据中共中央《为纪念抗战五周年宣言》精神,曾给中共中央华中局、新四军负责人陈毅等同志写过一封信,他在信中就坦诚地指出:"庞友兰(盐阜区参议会副议长、著名的进步民主人士——编者注)说,共产党的下层同志能照中央毛泽东同志的话办事,一定得天下。那末我们是否能够做到这样呢? 是能够做到的。这对布尔什维克党来说,没有做不到的理由,我们一定要做到。做到了,我们就'一定得天下';做不到,就不一定'得天下'。这件事对我们的关系是这样重要,是能否'得天下'的大事。"在少奇同志看来,作为党的上层同志更应该按照"中央毛泽东同志的话办事",处处关心群众的疾苦,关心他们的生产、生活,这件事实在是太重要了,是事关"得天下"的大事啊。这也是衡量一位党的领导干部的群众观点强不强、党性强不强的一个重要标志!

理完发,少奇同志一再表示由衷的感谢,并请戴师傅坐在凳子上休息一会儿,拉拉家常。戴成章感到格外亲切与温暖。然后,少奇同志又让警卫员小陈拿来两条毛巾,送给戴师傅作为酬劳。少奇同志感激而满意地说:"你的手艺很好,没有什么送给你,这两条毛巾请你收下吧!"

戴成章说什么也不肯接受毛巾,他情不自禁地说道:"首长,你们领导我们人民群众打鬼子汉奸,帮我们减租减息,发展生产,改善生活,我替首长理一次发,这是应该的,还要酬劳,这像什么话!"说完,收拾好理发工具就走。

少奇同志便让小陈一直追到大门外。小陈一再诚挚地对戴成章说,戴师傅,您不收下,我们首长会不高兴的。他还会叫我们把毛巾送到您家里去呢。快收下吧,省得再麻烦。在小陈的再三劝说下,戴师傅才勉强收下毛巾走了。

回到家里,戴成章拿出这两条不同寻常的毛巾,心头觉得热乎乎的,又想了许多。经打听,他才得知找他理发的"首长"叫刘少奇,是华中局书记、新四军政委。

"礼轻情意重。"戴成章知道,这两条毛巾值不了多少钱,但这可是少奇同志的一片心意啊,是首长对他劳动的尊重与回报!

从此,戴师傅常在乡亲们中谈起"两条毛巾"的故事,并发出由衷的赞叹:共产党干部真好,连刘政委这么大的干部都没有一点架子,十分平易近人,又关心我们老百姓的疾苦,还尊重我们理发人员的劳动!完全不像国民党当官的,不要说大"官"了,就连地方上的乡保长,根本就瞧不起我们这些穷剃头的!

少奇同志关心群众疾苦、赠送毛巾的故事,从某种意义上说,也是"得人心"的大事,至今仍在汪朱集的乡亲们当中流传。当年,少奇同志的模范言行,在人民群众的心目中树起了巍巍丰碑!

（张开明）

"宴请"群众

1942年1月5日,中共中央华中局和新四军军部,从阜宁县陈集乡停翅港移驻该县羊寨西边约三四里路的单家港。华中地区的党政军高级领导干部云集于此,参加即将召开的中共中央华中局第一次扩大会议。昔日这个名不见经传的苏北小村庄,由此闻名遐迩,在华中抗日斗争史册上留下了最灿烂的一页。

同陈毅、黄克诚等新四军领导人一样,少奇同志作为会议的正式代表和主持人,也住进单家港的一户农家,既要精心组织安排好这次重要会议,又要接见来自华中各地的党政军负责同志,同他们谈话,了解情况,修改会议的报告初稿。夜晚,人们总是看到他的窗口亮着灯光,彻夜不灭。

1942年2月15日正是农历春节。这天下午,中共中央华中局第一次扩大会议正式开始。2月15日至16日,作为华中局书记,少奇同志代表华中局作题为《目前形势,我党我军在华中三年工作的基本总结及今后任务》的报告。这个报告在与会者中产生了极大反响。3月5日,会议的最后一天,少奇同志作了会议总结讲话,并希望这次会议成为华中今后工作的转折点,成为取得新胜利的旗帜。

会议期间,少奇同志接到中共中央书记处调他回延安的通知。华中局扩大会议一结束，少奇同志即开始做回延安的准备工作。自 1940 年 10 月来到盐阜区，到 1942 年 3 月离开这里，少奇同志在盐阜区工作、战斗了 1 年零 5 个多月，与盐阜人民朝夕相处，生死与共，血肉相连，建立了深厚的革命情谊。快要离开盐阜了，少奇同志真有些恋恋不舍，并且想了很多很多。他觉得，我们共产党、八路军、新四军与革命根据地老百姓的关系就如同船与水的关系、鱼与水的关系一般。"水能载舟，亦能覆舟。"没有水，鱼儿就无法存活。没有根据地老百姓的关心与支持，我们共产党、八路军、新四军一天也不能生存下去，更不能发展壮大。因此，他决定采取适当可行的办法，向盐阜的乡亲们表达他由衷的谢忱。临行前的一天晚上，在单家港李东升家门前打谷场上，少奇同志特地办了几桌简单的饭菜，亲自招待单家港一带的乡亲们。后勤部门的首长代表少奇同志讲了话，感谢乡亲们对新四军的大力支持。乡亲们感动不已，也推选代表讲了话，感谢共产党、八路军、新四军帮助人民打鬼子、保家乡，对少奇同志即将离开盐阜满怀依依不舍的眷恋之情。

3 月 19 日，少奇同志一行一百多人，从单家港启程，在旧黄河堤拍照留念，然后渡河向延安进发。

（张开明）

血 脉 相 连

　　1941年2月的一天早晨,新四军军部通讯连赵明才连长坐在连部里.刚刚开始一天的工作。只听"丁零零",电话铃声响起,他一把抓起电话,耳机里便传来了参谋长赖传珠那亲切的声音:"战士们都在家吗?胡服(刘少奇化名)同志要来看看你们。不过,具体时间还没定。"

　　"胡政委要来看我们啦!"消息一传开,连队就沸腾起来,干部战士欢欣鼓舞,立刻像过年似的准备起来,迎接首长的到来。

　　第二天一早,连部通讯员急匆匆地跑来告诉赵明才:连长,胡政委来了。赵明才没想到首长来得这么快,而且说到就到,一时竟有些不知所措。这时,刘少奇已和参谋长赖传珠、政治部主任邓子恢等同志一起走进了连部。刘少奇看了赵明才一眼,使很有把握地说:"你是连长吧!"

　　赵明才"啪"的一声,立正敬礼:"是!"

　　刘少奇接着说道:"不要紧张,我来你们连队看看大家。应该向你这位连长报个到嘛!"一句话,把大家都说乐了。

　　"首长能来看望我们,真是太好了!"赵连长的紧张心情早已跑得无影无踪,他立即让座,并用饭碗(那时候艰苦得连只茶杯都找不出）给首长们倒了水。但刘少奇并没有坐下来喝水，而是说："你先别忙，还是陪我到连里去转转，回头再喝也不迟。"说完，转身先走出了连部，赵连长一愣，随即追了上去，和刘少奇一起向伙房走去。

在伙房里，刘少奇亲切地和炊事员握手交谈，问他们生活和工作情况，尤其是烹调方面的问题。炊事员们热情地说：

"首长在我们这儿吃饭吧！尝尝我们做的饭菜。"

刘少奇高兴地说："好！好！"他又问赵连长："你们连里有多少人吃饭？每人每天的伙食费多少？如何支配？"

赵连长一一回答之后，刘少奇又问："你们的粮食够不够吃？有没有超过规定的数量？"

当时，粮食比较紧张，伙食费也很低，各个单位都有定额，不得超量。可赵连长不知道连队有没有超量，只好说："恐怕……也许是不超吧！"

见他含糊其词的样子，刘少奇又问了司务长。司务长便详细地介绍了连里的伙食情况。当了解到通讯连里没有超量，伙食也搞得不错，虽然每人每天只有一角五分钱的伙食费，但在一个星期里还能吃上一顿肉时，刘少奇非常高兴，他转身对赵连长等人说：

"你们好好总结总结经验，报军部管理处，应叫各单位学习你们的伙食管理经验！"

从伙房出来后，刘少奇又到各班看望战士们。他关切地询问了战士们的年龄、籍贯等，接着他又问："你们在部队里，想不想家？"战士们齐声回答："我们出来干革命，不想家。"

"对!"刘少奇也有点激动地说,"没有国,哪有家! 只有革命成功了,才是我们合家团圆、享受幸福生活的好时候,让我们共同努力、继续奋斗吧!"

看完战士们,刘少奇才同赵连长等一起回到连部坐下来,继续向他们了解连队的情况。从干部战士的政治面貌、军事素质、身体状况,到连队的武器装备、通讯技术水平等都一一问到了。而后他特别问赵连长:

"你们有没有出现借了群众的东西不还或损坏之类的现象?"

"没有。"

"这就好。我们应该遵守'三大纪律八项注意',不拿群众一针一线,损坏或丢了群众的东西一定要照价赔偿。我们是人民的军队,不能损害人民的利益。"说到这里,刘少奇加重了语气:"你们要经常检查群众纪律,带领战士们与群众搞好关系。良好的军民关系是我们军队取得胜利的重要保证。"

到了吃中午饭的时间,赵连长等想留首长们在连里吃饭。可刘少奇摆摆手说:"我们那边已准备饭了,以后再来吃吧。"又问:

"你们是不是同战士们一起吃的?"

"是的。"连指导员吴炎回答。

"那很好! 你们连队不能搞特殊化。"说完,刘少奇便起身走了。

可没走几步,他又突然折回来对赵连长等人说:"你们连几个领导都在,我问问你们,我们部队有三大民主。什么是三大民主呀? 知道吗?"

吴指导员张口就来:"政治民主、军事民主和经济民主。"

"对! 你们连队一定要加强民主,要同战士们一起讨论问题,解决问题,和战士们一起共同把连队的工作搞好。你们连队干部的任务不轻,战士们有百分之八十都是贫苦农民的子弟。养大一个孩子不容易啊! 人民把自己的子弟交给你们,你们一定要把他们教育好,不然就对不起党,对不起人民,对不起他们的父母。你们应该从政治上、军事上、生活上关心他们,使他们在革命的大家庭中成长起来。"

刘少奇在赵连长等人的目送下远去,但他那情真意切的话语还在赵连长等人耳边回响,他把一颗关怀革命战士的心永久地留在了这里。

药 留 伤 员

  1941 年初秋,刘少奇大腿上长了一个茶缸口大的疮疤。他从不吭声,每次办公完毕后,总是用手扶着墙走。开始,警卫员还以为是他的脚麻木了,后来才发现了"秘密"。一次,刘少奇正准备出门,突然跌倒在墙角。警卫员连忙跑过去,把他扶上床一看,只见大腿上的疮疤都化脓了。警卫员当即要去请医生,刘少奇却说:"目前伤病员多,医生忙,我坚持一下会好的。"

  "少奇同志患病"的消息被陈毅军长知道了,他立即打电话到军卫生部,请来了卫生部长和医生。经检查,卫生部长说:"根据病情,需要住院开刀"。"开刀?"刘少奇惊讶地问,"有这么严重吗?"部长微微地点了点头。刘少奇急着说:"目前抗日事紧,我一天也不能耽误,不能离开工作。部长,我没时间去住院呐。"卫生部长无可奈何,只好叫医护人员拿来医疗器械、药品,就地开刀。刘少奇那间窄小的办公室加宿舍,也就成了"临时手术室"。手术准备工作做好了,医生拿来麻醉药,准备给刘少奇注射。刘少奇发觉后,怎么也不依。他说:"我这疮疤没有什么,就这么开刀吧!麻醉药还是留给伤病员用。"医生拗不过他,只好违心地开始做手术了。随着手术刀的运动,只见刘少奇痛得额上汗流如注,牙齿咬得咯咯响。手术做完了,刘少奇身上的衣服已被汗水湿透了,但他自始至终没吭一声。医生、警卫员心里默念着刘少奇"麻醉药还是留给伤病员用"那句话,一个个眼睛都湿润了。

不 拒 革 命

　　根据党中央的指示,1942年3月19日,刘少奇及随行人员从苏北阜宁单家港起程回延安。从此,开始了夜行晓宿的长途行军生活。这一天,他们来到了淮海区党委所在地——周村。稍稍休息之后,刘少奇就要淮海区党委的负责人向他汇报一下工作。正谈着,有一位同志来找刘少奇,要求谈谈关于他的党籍问题。刘少奇立即叫秘书去接见他,并且叮嘱说:"党籍有问题的人,心情常是抑郁的,你要很诚恳地接待他,让他心里有什么话都对你讲出来。"

　　秘书根据刘少奇的指示,接见了那位同志。果然如刘少奇所说,这位同志心情抑郁,气色有点消沉。他拿出申请书和党委关于处理他的问题的材料,并自我介绍说:"我是大革命时期入党的,大革命失败后,我和一些同志准备在苏北涟水一带发动武装起义,可惜失败了,我也被捕入狱。出狱后未能接上组织关系,但我一直没有离开过革命工作呀!我这申请书上都写着呢。同志,你好好看一看,再跟少奇同志说一说吧,我希望组织上能尽快恢复我的党籍。"

　　秘书听了他的诉说,又看了他带来的材料,发现他在被捕入狱后,有些关键性的问题已经没有人能够证明,要他讲得详细一点,他却摇了摇头,不再说什么了。秘书把这些情况向刘少奇作了详细汇报，刘少奇认真地听着，连那位同志讲话时的神态都追问清楚。尔后，他沉思了一会儿，郑重地对秘书说："明天你主动去找他，再好好地详细谈一次，把他的话仔细记下来。他今天和你见过面，明天会和你谈得更多更深些。从你刚才讲的情况看，他肯定还有心里话没说出来，你要想办法解除他的顾虑，让他把心里话彻底地大胆地讲出来。他既然找到我，我就有责任让他说出真心话，这对党有好处，对解决他的问题也有帮助。"他歇了一口气，深沉地说："党籍问题关系到一个人的政治生命，我们一定要很严肃地对待，要给予极大的关切。一个人，要来革命，谁也没有权利拒绝他。你想一想，要是我们自己遇到了这种情况，心情会是怎样的呢？所以，我们更有义务，以同志的态度，好好地去听取他的申诉，根据一定的原则，帮助他解决问题。你说是不是？"

"是！"秘书心悦诚服地表示赞同。第二天清早，他就跑到几里路外找到了那位同志，恳切地表示再好好谈谈，并告诉他："少奇同志对你这事可关心啦，说……"那位同志听了这些，心情开朗多了，神色也不像原先那样抑郁。他不好意思地说："昨天，有些问题你也看出来了，我没敢说。事情是这样，有几个当初和我一起进行斗争的人叛变投敌了，我过去之所以不说，是怕讲出来，问题就更复杂了，我的党籍问题也就更不容易解决了。现在我说出来虽然有几个问题没人证明，但我自己保证自己，如果党将来发现我讲的与实际情况不符，我愿意接受党的任何处分。一心为党工作，却被这些问题挡在门外，我不甘心，心里难受啊！"说着,这位同志动情地落下了眼泪。

当刘少奇处理完其他工作,听取秘书的汇报时已是深夜了。他借着微弱的灯光,又看了一遍有关的申诉材料,站起身来,在房间里踱了几步,对秘书说:"看来,这位同志把心里话都说出来了,我们一定要帮助他得出一个结果来。可是,目前我个人不能代表组织来处理这个问题,必须经过华中局才能处理。同时,有些问题还需要反复缜密的调查,才能下结论。这样吧,你把这两天了解的情况写个详细的报告,然后同这些申诉材料一起,亲自送到华中局去,要他们认真进行调查,依据原则处理。"

不久,这位同志充满激情和喜悦地告诉刘少奇,经过华中局反复调查,他的历史终于搞清楚,党籍问题已经解决了。他表示今后一定更好地为党工作。看到自己帮助一个革命同志"复活"了宝贵的政治生命,刘少奇也不禁高兴地笑了,由衷地说:"祝贺你,同志!"

取 敌 之 长

华中—延安,漫漫征途。但在艰苦的行军路上,刘少奇仍不忘工作。每到一个地方,都要先观察地形,并且尽可能地了解情况,指导当地的抗日军政、民运等工作。

这天,又是彻夜急行军之后,刘少奇一行来到了山东军区滨海区边沿的一座小镇子,有的人倒头便睡,有的人连被包都没解,就已靠在墙上发出了鼾声。而刘少奇呢,只在屋子里喝了一杯水,就走上了街头,一边浏览着街道两旁张贴在墙上的宣传画和标语,一边不断地和镇上的人热情地打着招呼。

"积极进行减租减息工作!"

"加强减租减息工作!"

"打倒日本帝国主义!"

……

看着,走着,突然,刘少奇在一张宣传画前停住了脚步,细细地端详起来。这是一张天主教的彩色招贴画,画面上端印着一排黑色的大字——"升天堂之路",一些西装革履和长袍大褂的人,牵着服饰华丽的女人和孩子,沿着一条大路向着这五个大字奔去;与此相对称,在画面的下角,也是五个黑黑的大字——"入地狱之门",向着这五个大字走去的,则是一群面黄肌瘦、衣衫褴褛的穷苦人。当时,帝国主义利用宗教渗透、奴役和麻痹中国人民,为其侵略和瓜分中国的罪恶目的服务。穷苦百姓们恨透了那些披着牧师外衣的侵略者,更不信那些嫌贫爱富的什么"上帝""主"啊。可这里怎么会有这样一张宣传画呢?

刘少奇端详了很久,然后回过头来,对随行的几个人说:"都看见了吧,这样反动的画,也贴到这里来了。从画面的设计和表达的意思来看,他们在宣传上是挖空心思,下了功夫的,它的阶级性、目的性非常明显。"

随行的人仔细地倾听着,有的看出了问题,明白了刘少奇讲话的意思,有的还没明白,目的嘛,就是信教呗,这阶级性怎么理解?脸上露出困惑的神情。见此,刘少奇转身指着那张画说:"你们再好好看看,这上半部分就是说明要信他的教,就可以上'天堂'嘛!看那些趋之若鹜的老爷太太们,长袍马褂、西装革履、服饰华丽,穷人哪有这种打扮,还不是地主、资产阶级!而他们走的路呢,是通向'天堂'的阳关大道。"说到这里,刘少奇提高声音,有些激愤:"让我们再看看不信他们的教的,是什么样子吧。这些凄凄惨惨的穷苦人,还不是受压迫、受剥削的劳动人民!他们不信教,也就是反抗帝国主义的侵略,那就要'入地狱之门',走到阴森森的'地狱'里面去。大家站在这张画前,难道没感到一种无形的'阴风'正向我们吹过来吗?!"

由于激动,语调高昂,刘少奇忍不住一阵咳嗽,随行的人也不免为此画的反动、卑劣而愤然。一阵无言的沉默之后,刘少奇望着大家,缓缓地说道:"这幅画,虽然反动,但我们不能不佩服它采用的形式，使人一目了然，诱惑力很大。像这样的地方，我们真要向敌人学习啊，用敌人的长处弥补我们工作中的不足。它是宣传宗教，为帝国主义和地主、资产阶级服务。我们呢，把它颠倒过来，让它为无产阶级服务，不是挺好吗？"

随行人员深深地为刘少奇的话所折服，他们小心地揭下这张宣传画，好好地保存了起来。一路上，他们一有机会，就以这张画作"教材"指导抗日军民的宣传工作。

星 相 先 生

　　1942年的麦熟时节，江淮大地上到处是一片金黄，沉甸甸的麦穗随风摇曳，田地上滚过一阵阵的麦浪，煞是喜人。江苏赣榆县大树村的穷苦百姓们看着自己辛勤劳动的结晶，心中也充满了喜悦，但一想到地主的盘剥、日本鬼子的"扫荡"掠夺，心又像那麦穗一样，变得沉甸甸的。是啊，穷人的劳动果实，又有多少能留在穷人自己手里呢？

　　就在这时候，刘少奇来到了大树村，他高高的、瘦瘦的个子，脸上总是一团和气，见人就问寒问暖、问长问短的，没过几天，就和村里的人混熟了。村里人都说，看样子，这人是个共产党的大干部，看他多和气呀，跟咱穷人真亲呐！可有一样，村里人觉得他跟平常人大大的不一样：他夜夜不睡觉，点着个油灯，伏在桌子上写字，写写到院子里转转，朝天上看看。过了一会儿，又进屋去写字，写写又到院子里转转，朝天上看看。直到鸡叫了，东方发白了，村里人起来喂牲口，烧火做早饭了，他还没睡。他这是干什么呢？

　　于是，村里就悄悄地议论开了，几个上了年纪的老人都蛮有把握地说，他夜里不睡觉是观星象的，看看星斗，就写在小本子上。老奶奶们更是有鼻子有眼神秘地传说：咱们村上来了个"星相先生"，看得可准了，灵着呐！但到底看的什么星？记下来干什么呢？村里人还一时摸不透。

过了七八天，少奇了解了村里的情况之后，就找村里的人开会，和大家商量打鬼子、除汉奸、减租减息的事。他操着一口浓重的湖南口音说："眼下，咱们穷人的日子是苦一些，但只要我们团结起来，齐心合力，争取早日把日本鬼子赶出去，建设一个咱们穷人当家作主的新中国，到那时，日子就会好起来的。"刘少奇还讲了好多好多，一个个道理、一件件事情讲得可明白啦，村里人听得都入了神，禁不住连连说："要是这样可好哩！"

散会了，可大家的情绪还是那么热烈，又七嘴八舌地嚷开啦："咱说他是看星嘛！他在会上说穷人星（心）好，恶人星（心）黑。就是给他看准了。"原来，这位老大娘把刘少奇的湖南口音听错了字，不过，倒还真是那么回事哩。

"他看得准，主意牢靠，听他的话准没错。"又一位老大爷挺坚决地说。

"对，对，听他的没错。"大家高兴地散去了。没多久，大树村就成立了抗日会，搞减租减息，穷人的日子渐渐好过了。

少奇同志走后，村里人才想起来：这位干部究竟是谁呢？后来一打听，才晓得他就是刘少奇同志。

一 卷 钞 票

　　1942 年麦熟的时候,大树村熊老爹隔壁住下了一个高个子,约莫 40 来岁的干部,这干部到村没有多久,天天晌午就拿张报纸到熊老爹菜园里去看。开始,熊老爹觉得人家是个干部,又不熟,不好跟人家说东道西的,免得打扰人家。可这干部却很随和、亲热,逢着熊老爹没事,就主动地和他拉家常;逢着熊老爹忙时,这干部就帮这帮那,也不闲着。日子久了,熊老爹就和这干部成了知心朋友,熊老爹碰到这干部,想说什么就说什么,比一家人还亲。熊老爹心里可乐呼呼的,逢人就夸,说这干部懂穷人们的心思,是个大好人呐!

　　一天,这干部到熊老爹菜园里买菜,熊老爹正在摘黄瓜,刨小葱,忙得团团转。这干部二话没说,就帮着熊老爹一起摘、一起刨。待把菜弄好了,才从衣袋里摸出一卷票子,递给熊老爹说:"老爹,这是菜钱,给您。"

　　熊老爹一看,就动了气。两手一推,说:"同志啊!你这就见外啦,自己种的,还能说要钱,你三天两头地帮俺弄地,别说你来拿,俺送也得送给你呀!"

　　这干部见熊老爹高低不肯要,就又坐下和老爹磨蹭了一会儿,只好拿着菜走了。

到了傍晚,熊老爹想吸袋烟,摸着烟口袋里有卷东西,不像烟丝,掏出一看,嗨,还不是那卷票子!熊老爹真是又气又笑,冲着他老伴说:"你看,这个人也真是,他高低要给钱。我高低不收,可他倒也有办法,不知什么时候又把钱放在我的烟口袋里啦!"

说着,跑着就要给送回去。大娘说:"别啦!天不早啦!再去摸黑碰门的,惊动人家。明儿待他来看报,再给他不就得啦。"

熊老爹一听也是,这才把票子叠了又叠,小心翼翼地收起来。

可巧,打从这天起,熊老爹在家等了一天、两天、三天,再也不见那干部来看报了。到了第四天,熊老爹等不及了,便出门去找。才出门,就见村上三个一堆、五个一圈地谈得正欢。老爹上去一打听,都说这干部就是刘少奇同志,前三天就走啦!

这一下,可把熊老爹乐坏了,一口气奔回家。捏着那一卷票子,对他老伴说:"你晓得这卷票子是谁的?——刘少奇同志的。"

当下,熊老爹就叫他老伴给他小褂上缝个口袋,缝在左襟靠心口的地方。他把票子装在小口袋里,袋口又仔细地缝上几针,使票子无论如何也掉不出去。此后每当村里人问起,他便拍着小口袋说:"我这里有宝贝哩!"接着就高兴地讲起刘少奇"智"送菜钱的故事。

巧 辨 迷 路

　　1942 年 7 月下旬的一天夜里,山东临沂地区下起了蒙蒙细雨。天空乌云密布,使夜晚愈加黑暗,伸手不见五指。但就在这恶劣的天气下,从苏北返回延安的刘少奇一行还是踏着"干如铁,湿如鳔,不干不湿抠不掉"的黏土路走过来了。他们的计划是天亮以前走出敌占区,到鲁南抗日游击区边联县的迷龙汪休息。走着走着,向导迷失了方向,一直走到下半夜,也没走出敌占区。向导心中好生丧气,但也只好让大家停下来,自己四外摸索着辨认方向。

　　负责这一段护送任务的教导二旅五团政委王六生心里非常着急,但他没有吭声,以免"扰乱"军心。但有的战士却忍耐不住了,嘟囔起来:"怎么搞的? 这么半天还没走出去。""天快亮了,被敌人发现了怎么办?"

　　此时,刘少奇正站在一棵树下,静静地思考和等待着什么。天亮前走不出敌占区,危险性可想而知。他心里何尝不急,但他更多地是想办法在这漆黑的夜里确认方向。看着面前的树,他不觉眼前一亮,心说,"有了"。正在这时,他听到有人埋怨向导,就缓步走过来,对大家说:"不要埋怨向导同志,他也很着急嘛! 我们不要打搅他,让他冷静地想想。"

接着,他走到向导跟前,温和地说:"这一带地方你很熟悉,仔细想想,就会找出路来的。如果夜间有星,我们只要看一看北斗星的位置,方向就明确了;如果有房屋,凡是正房都坐北朝南,一看也就知道了。碰上今天这种情况,我们也有办法,那就是通过周围的树来辨清方向。"他把向导带到自己方才站立处的那棵树前,说:"你用手摸一摸,就会有感觉:向阳的一面长得粗糙,背阳的一面比较平滑。粗糙的这面就是南,平滑的那面就是北。"

刘少奇的话,稳定了大家的情绪。向导弄清了南北方向,又静静地盘算了一阵,终于辨明了通向迷龙汪的道路,队伍终于在天亮以前顺利地到达了预定地点。

到了迷龙汪,大家吃过早饭,就地休息,便又你一言我一语地谈论起昨晚那令人心焦的一幕。一位战士笑着说:"迷龙汪,迷龙汪,还真把咱们迷住了。"另一位战士马上反驳:"你那是迷信。不过,昨夜要不是少奇同志出主意,还真把我们迷在敌占区出不来了。"

听着大家的谈论,刘少奇笑了笑,突然问王六生:"六生同志,你常在这一带活动,知道不知道这个庄为什么叫迷龙汪?这个名字还真挺有意思哩!"

王六生笑了笑,故意停了停,引起大家支着耳朵好不着急,才说书似的讲道:"说起来还有段故事呢!相传前清时乾隆皇帝下江南,坐着轿子来到这个地方。天下大雾,嗬,那雾太大啦,什么也看不到,乾隆皇帝和抬轿的人都迷了路。乾隆皇帝琢磨着,我是'真龙天子'呀,把我都给迷住了,那好,这地方就叫它'迷龙汪'吧。皇帝讲话,可不得了,金口玉言呐,迷龙汪这个名字也就叫下来了。"

王六生讲完了,刘少奇若有所思地说:"历代的帝王将相都是把自己当成诸葛亮,把群众当成阿斗。因此,他们迷失方向、走错了路也就不奇怪了。我们的党历来把人民群众当成历史的主人,和人民群众心心相印,所以道路越走越宽广。大家说是不是这样啊?"

"是这样!"大家异口同声地喊起来。

不 扰 百 姓

渡沂河,跨东汉河。1942年8月的一天,化名许行仁的刘少奇及护送人员昼伏夜行地来到了离费县不远的一个村子边,这里离日伪军的据点很近,为了避免暴露目标,更为了不打扰老百姓,他们就歇在村外的石榴树底下,由侦察员去村里弄饭吃。

石榴树蔽日成荫,满枝头的石榴圆润、晶莹,招人喜爱。也许是"不好意思"吧,一个个石榴都微红着脸,悄悄地注视着树下这些远方来的客人,生怕打扰他们休息似的。警卫战士王兴元睡不着觉,瞪着一双明亮的眼睛看着树上的石榴。看着看着,不觉口干舌燥起来。是啊,昨晚走了一夜,到现在还没喝口水,能不渴、不饿吗?!他瞧瞧四周,终于忍不住摘了一个石榴,拿到嘴边就咬,"哎哟哟,酸死了!"气得他"啪"地摔掉石榴,苦着脸,捂着腮帮子说。

"酸的?"身边一个战士一骨碌坐起来,满脸喜色地问,"那可好了,夜里行军打瞌睡,有这种酸家伙,准能提神醒脑!"

这句话说到了大伙的心坎上,一高兴,他们却忘了群众纪律,除了班长之外,有人偷偷地往怀里揣了一两个酸石榴。当晚行军至深夜,警卫战士谢海南递给刘少奇一个石榴:"老许,尝尝这个,省得打瞌睡呢!"

刘少奇接过石榴,拿到眼前在黑暗中尽力辨认了一下,严厉地问:"哪里摘来的?"

"地下拾的!"

"这是什么季节,石榴能掉到地上?"

谢海南支吾着难以回答。刘少奇心中已明白是怎么回事了,但在行军路上也不好多说什么。他把石榴还给谢海南,只是说:"你违反了群众纪律,今后要注意!"

"是!"谢海南声音低沉。其他战士没有吭气,但可以想象得到,谢海南在牙缝里挤出这个字时,脸色一定红得像关公。

昼伏夜行的漫漫征程在脚下延伸。不过,即使在夜里,也要拣离开村子较远的路走,因为怕狗叫惊动敌人。这样一来,饿了吃不上,渴了喝不上,就成了常事。"石榴事件"过去没几天的一个夜里,刘少奇一行走过一片西瓜田边,夜光下,只见圆滚滚的西瓜到处都是,大的足有二三十斤。王兴元随手拣起一个西瓜,摔开了,一口下去,"好甜!"他乐颠颠地拿了一块送给刘少奇。

"哪里摘的西瓜?"

"您看,田里多的是!"王兴元伸手往田里一指。

"噢,是不少,可那是老百姓的东西,怎么能随便拿呢?"

"老许!"王兴元哀求道,"您和我们一样,好半天没吃没喝了,肯定饿了,渴了,就吃一点吧!"

"我们饿一点算什么!"刘少奇勒住座下的骡子,把西瓜还给王兴元,严肃地说:"敌人危害人民群众的利益,我们是人民军队,是人民子弟兵,难道可以不顾人民群众的利益吗?如果这样下去,人民群众还会拥护我们吗?今后再这样,我要处分你!"

过了一会儿,刘少奇觉得刚才的话也许太重了,又说:"你再好好想一想,你自己摘一两个,确实是不多。可是,假如大部队从这里经过,口渴了都自己摘西瓜,几千个人,一人一个,不就把这一大片地里的西瓜摘光了!老乡一年的生活就没有着落了。我们革命就是完全为着群众,但不能光挂在嘴上,而是要随时随地有这份心事,我们现在还不至于非吃这些西瓜不可嘛!你说是不是?"

这次不光是王兴元深深地点了点头,大家也都被深深地感动了。从这以后,警卫战士再也没有违反群众纪律的事发生。

同　甘　共　苦

　　经过长途跋涉，从苏北到延安去的刘少奇及其随从人员来到了山东，住在莒南县朱樊村 115 师师部。由于交通关系没有搞好，路上不安全不好前进，就在这里住下来了，一直住到夏收以后。

　　师部住的是原先几家地主的房子，刘少奇（化名胡服）住在一个正厅里，两块门板一合，就是他的床，包袱里包着几件换洗的衣服，就是他的枕头。师部门前，是一片坟地和树丛，两三百米处有个小花园。晚饭后，刘少奇常到外面散步。

　　"山东这个地方是个军事要地，历史上这里打过很多仗！"有一次散步时，刘少奇告诉警卫员，接着又谈了一些历史故事。

　　"好是好，只是平原太多，与鬼子打仗对我们不利！"警卫员们说。

　　"是比较艰难呀！"他点点头回答。

　　"好是好，只是老百姓生活太苦！"有个同志又说。

　　"天灾加人灾，老百姓的生活当然苦。"刘少奇说，"只要赶跑了日本鬼子，人民当了家，生活就会好起来的。"

　　"好是好，只是老吃杂粮不习惯。"这时又有个同志说。

　　一听这句话，大家都沉默起来。是啊，当时部队经常吃没有脱壳的高粱米。由于没有脱壳，特别不好消化，吃到肚里的是这些，拉的也是这些。有时用地瓜干放在高粱米里面熬，这两样东西都是硬家伙，一顿饭下来，嚼得腮帮酸痛，那滋味可真不好受。没有油吃，也没有菜吃，只好把挖的野菜用开水烫熟了，放点盐一拌，用来送饭下肚。时间久了，由于营养差，警卫班的战士脸上都有些浮肿，一看好像挺胖的，一按可就是一个坑啊！

这些情况，刘少奇看在眼里，记在心上，可也是干着急，有什么办法呢？他自己虽然名义上有个小伙房，但除了从老百姓家里借来的两个盘子、两个平底碟子、两个粗瓷碗、一把菜刀、一个小锅之外，平时很少看到"保健粮"（指面食）和肉类。他的炊事员就经常向警卫战士们诉苦："给胡政委做饭真难，他每餐只吃几个小馒头、两碗小米稀饭。有时想给他多炒几个菜，他又不同意。看他工作多，吃得少，又吃得不好，身体会垮下去的……"

尽管自己是这样，听到战士的话，刘少奇还是感到自己做得不够。许久，他终于又打破了沉闷，既是要求自己也是鼓励战士们要坚持斗争，克服困难，"小米比大米好，杂粮营养好，我吃杂粮就很有味道……"

几天之后，正巧山东分局给刘少奇送来一袋子白面和十多斤肉，他把东西都给了警卫班，说："改善一次生活吧！"

警卫战士坚决不肯要，他却乐呵呵地说："你们比我更需要。我在北方住久了，吃得惯杂粮。"

推来推去，警卫战士只好收下了。当大家高高兴兴地包饺子吃时，有的战士感动得掉下了眼泪……

慎 花 公 款

1942年秋，刘少奇从山东启程，继续向延安进发。这天，他把随行的工作人员、警卫人员召集起来讲话。他说："过去我们和部队在一起，特务不敢来，从今天起，我要到新地方去，你们的任务才真正是重大了……为了方便，为了安全，我们需要化军为民。除了武器之外，什么都不要带。"

停了一会儿，他又指指脑壳说："我们化装，就要像老百姓样子。北方老百姓有个特点，多数人喜欢剃光头。你们能够作个'小牺牲'吗？"

"能！"大家齐声回答。

"对！"刘少奇表示满意地说，"有些人可能为剃掉自己的一头好发而感到惋惜，我也有这种心情"，大家都笑了起来，"但是"，刘少奇话头一转，激昂地说，"为了革命事业，我们应该能做到不惜个人的一切"。他又回头嘱咐自己的副官："以后不要分伙了，大家吃什么，我就吃什么！"接着又转过身对大家说："为了保密，有些事情不要随便议论，也不要再叫我首长或胡政委了。从今天起，我改名许行仁，你们就叫我老许吧。"

既然要"化军为民"，就要买些化装品。按理，多花点钱多买些东西,也没什么,但刘少奇对购买化装品的开支控制非常严格,亲自审单子,定金额,能不买的就不买,能少买的就少买,不是必需的都划掉。当他看到自己的爱人要买一双布鞋时,就说道:

"她不是有布鞋了吗,怎么还要买?"

副官说:"前边的路长着呢?女同志总不比我们男同志,鞋坏了也好换一换嘛!再说,一双布鞋用不了几个钱。"

刘少奇严肃地说:"不行!鞋坏了,就缝一缝嘛!她也是革命队伍中的一员,不能搞特殊。要知道,我们花的钱是人民群众勒紧腰带节省出来的,是人民的血汗,公家的钱不能乱花。"

说完,刘少奇拿起笔,把他爱人买一双布鞋那一项坚决地划掉了。

出发时,刘少奇化装成商人,号称湖南某公司商行的老板。他身穿一件布制大褂,头戴一顶瓜皮帽,手戴金戒指(不是这次买的,是他以前随身带来的),脚穿青布鞋。要说这身打扮,还真不够一个商行老板的派头呢。

蜘 蛛 拉 网

　　1942 年深秋的一天,活跃在山东微山湖一带的铁道游击队受命护送一批干部过津浦铁路。当天夜里,这批干部便来到了预定的宿营点小北庄,刘少奇也在其中,他是经过这里去党中央所在地延安的。

　　第二天上午,铁道游击队的队员们一听说这批干部中有刘少奇同志,都沸腾起来了。大家在议论着:能见见这位深受党和人民爱戴的首长,该多好啊! 但又一想,刘少奇同志昨天夜里跋涉了近百里路程,一夜没睡觉,今天晚上还要过铁路,白天应该让他好好休息才对,怎么能再去打扰他呢? 但是,刘少奇非常了解他们的心思,也希望能多了解一些情况,就通知他们,让他们下午去。队员一听,别提多高兴了。

　　队员们来到刘少奇的住处,见是一间不大的小草房,窗户很小,屋里昏暗,刘少奇正伏在靠窗的一个小桌上写着什么,旁边还堆着些文件材料,看样子,已经工作很长时间了。看到队员们来了,他放下笔,笑容满面地迎过来同大家握手。随后,一边向大家递着纸烟,一边招呼坐下。"首长没有休息好吧?"出于拘谨,游击队政委带着生硬的语调问。"很好,比在解放区休息得还好。那里鬼子正在扫荡,整天炮火连天,枪声不断,没想到在敌占区却安静多了。"一句话把大家引得笑了起来,屋里气氛顿时活跃起来。

队长、政委把铁道游击队的活动情况向刘少奇作了汇报,他认真听着,表扬了铁道游击队的斗争成绩,也指出了做得不够的地方,强调说:"群众是我们开展游击活动的基础,基础打不好,就立不住脚。立不住脚,又怎么谈得上狠狠地打击敌人呢?你们说对不对呀?"大家点点头,他又说:"你们在敌占区是不是可以建立一批'基点村'。所谓'基点村':一是要把村里的群众基础打好,使群众都拥护我们;二是村里要有坚强的骨干,要注意发展党员;三是能掌握住与敌伪通气挂钩的人。这样的村子越多,我们的活动范围就越大,我们的基础就越牢。"

讲到这里,刘少奇作了一个生动的比喻,他说:"蜘蛛在网上为什么能蹲得住,就因为它拉了网,这网就是它的根据地,小飞虫撞上来,一触网就黏住了。我们打游击,也要学蜘蛛拉网,建立自己的根据地。有了根据地,就有人、有粮,就能在群众中站住脚。现在,就好比是黎明前的黑暗,天越黑,离天亮就越近。只要我们树立信心,鼓起勇气,团结奋战,就一定会把日寇赶出中国去,一个美好、幸福的新中国一定会建立起来。"

刘少奇越讲越激昂,字字句句铿锵有力,使大家受到了极大的鼓舞和激励,感到心里亮堂多了,眼界开阔多了。

多 留 子 弹

1942 年 11 月的一天，刘少奇在平介县委书记成克率领的武装交通队的护送下，来到了晋西北接护部队驻地崖头村。成克说："从现在开始，我们的任务就胜利完成了。"大家都笑了，刘少奇也笑了。

想到即将与刘少奇分手了，成克等人都恋恋不舍地围拢到刘少奇面前，想再多跟他说几句话，多听一些指示。看看大家，刘少奇想起了几天来闯过日伪军重重封锁线的艰险情景，心里不禁涌起一股热浪。他由衷地对成克说：

"这几天你们辛苦了，这里很安全，就让同志们在这儿好好休息一下。给你们一些钱，改善一下生活吧，也算表达一下我对同志们的感激之情。"

"您是首长，护送您是我们的光荣，也是上级交给我们的任务。您能安全到达这里，就是我们最高兴的事了。再说，我们都随身带着伙食费，您还要继续往延安走，路还挺远呢，我们怎能要您的钱呢。"成克一个劲儿地推辞着。

这时，不知是哪个队员说了句半开玩笑半认真的话："我们不要钱，要子弹。"

刘少奇听了，马上认真地笑着说："好，好，给你们子弹。"

　　说完,他把随身的 4 名警卫员叫到自己跟前,让他们每个人都拿出一些子弹来送给成克他们。当时,子弹对战士来说是多么宝贵呀,特别是手枪子弹更是缺得厉害。4 名警卫员想着自己警卫首长的任务,你看看我,我看看你,虽然没说什么,但都舍不得拿出子弹来。

　　刘少奇见了他们这种模样,哈哈大笑,说道:"我们已经到了根据地,比较安全了,给大家几发子弹还那么舍不得。他们还要执行任务,比我们更需要子弹,就拿出一些给他们吧。"

　　听刘少奇这么说,警卫员们也禁不住笑了。嘴里虽埋怨着:"你总是替别人着想,不想想自己。"但还是各自拿出两条子弹来,还都是挑的红屁股头的那种有名的好子弹呢。望着那亮晶晶的子弹,平介县武装交通队的队员们个个高兴得合不拢嘴,他们都坚决地表示,要用这些子弹,去更多地消灭敌人。

精 打 细 算

1942年前后,国民党反动派对陕甘宁边区实行经济封锁、边区生产的物资绝大部分都支持了前线,边区干部战士的生活非常艰苦,每人每月只有四两肉,一斤白面,平时吃的主要是小米饭、南瓜汤和一些野菜。一些来自生活较好的地区的同志因此思想不太稳定,有的还发牢骚。刘少奇知道这些情况后,就经常开导他们要经受艰苦生活的考验,要看到前途的光明。

一次,刘少奇问警卫班长许志望:"小许,生活苦不苦?"

许志望说:"苦是苦些,但我不怕,您不也和我们一样吗?"

"这就对了,日本鬼子打我们,蒋介石反动派封锁我们,我们陕甘宁边区150万人口,中央机关和部队就占十几万人,还要支持前方将士,日子艰苦是必然的。现在咱们每人每月四两肉,有的人嫌少,你想一想,假如八路军、新四军每人每天吃一小块肉,算算看,得多少?"刘少奇边说边用手比划着。

许志望明白了刘少奇让他算这笔账的道理,便坚决地说:"您说得对,我不怕苦。"

"光不怕还不行，咱们要想办法使自己的日子过得好些。党中央、毛主席号召边区人民开展大生产运动，就是要大家自己动手、丰衣足食，打破反动派的封锁，把日本帝国主义赶出中国去。"

刘少奇的话，对整个中央警卫团都起了很大的鼓舞作用，他们不仅和陕甘宁边区的人民一起开展轰轰烈烈的大生产运动，自己还搞了一个造纸厂。自己生产的东西多了，日子也就慢慢地过得好起来了。

过日子，不仅要开源，还要节流，刘少奇特别重视这一点。一天，他看到每次去食堂打饭吃，饭筒上总要粘不少饭，就召集身边的工作人员说："你们发现没有，每天打饭时，饭筒上都要粘许多饭？"

"发现啦！"当时中央直属机关在食堂吃饭的有一千多人，都是用把煤油筒一割两半，中间串一根铁丝的筒筒打饭吃。

"那，你们想过没有，我们占了多少便宜，食堂要吃多少亏呢？况且，有的同志并不吃粘在饭筒上的饭，这又是多大的浪费呢？"

"唉，就粘那么点饭，不过是几粒米而已，不吃也谈不上浪费呀！"大家七嘴八舌，不以为然地说。

刘少奇立刻严肃起来，扳起指头说："你们再好好想想，每天三顿饭，一千多个饭筒筒，要粘多少饭，又是多少米？"

大家都默不作声了。刘少奇接着说："现在，我们生活比较艰苦，粮食非常紧张，这是大家都知道的。因此，我们宁可少吃,不能多占,更不能有不必要的浪费。要时刻想着,前方将士是多么需要粮食,盼望着多吃上几顿饱饭啊!"说到这里,刘少奇的声音缓和了许多:"我想,如果我们由打饭改为领饭,让炊事员们先把饭装好。这样,既节省我们的打饭时间,又避免多吃多占或者浪费,不是更好吗?"

"如果是这样,那当然好了!"大家赞同地说。

在刘少奇的倡议下,中央直属机关很快由打饭吃变成上集体灶,大家都排队到饭厅领饭。这时,人人都夸刘少奇真会精打细算。

先 治 心 病

　　1939年末,刚满17岁的冯金山来到仰慕已久的革命圣地——延安,进了中央印刷厂当铸字工人。在党中央、毛主席身边工作,小冯浑身有使不完的劲,每当接到任务后便夜以继日地拼命干。由于忽略了铅毒,不久得了肺病,领导两次给他换了较轻的工作,但病情一直未见好转。到1943年春天,病情更重了,几次大口大口地吐血,领导便要他到当时条件较好的中央门诊部去看看。这天一大早,他来到设在简陋的窑洞和平房里的中央门诊部。在室内他心情沉闷地踱着步子,等着医生诊断。忽然,一只大手亲切地抚摸在他的头上,他扭过头去:

　　"啊!是少奇同志。"他心中又惊又喜。

　　刘少奇仔细端详着他的脸色,关切地问他:"小鬼,你是哪个单位的? 有什么病?"

　　"中央印刷厂的,先前当铸字工人,得了肺病,现在装订部工作。"小冯连忙回答。

　　"哦!是肺病。既来之,则安之,要好好治疗。首先要在精神上战胜疾病,不要有什么心理负担;否则,对病情好转不利。同时要注意劳逸结合。病会好的,一定会好的。"刘少奇带着浓重的湖南口音,既安慰他又鼓励他,接着说:

"印刷厂工作很重要,一张《解放日报》,一张《新华日报》,可以发挥很大的宣传作用。它能团结人民抗日救国,又能瓦解敌军,迫使鬼子、汉奸放下武器,缴枪、缴炮,还有马……"

小冯聆听着少奇同志的教诲,仔细掂量着每个字的分量。然而,他的举止言谈多少有些拘束,见此情景,刘少奇便亲切地同他攀起家常来,问他是哪里人?十几岁了?什么时候到延安来的?当听他回答是河南洛宁县人时,少奇兴致勃勃地说:"我去过河南,到过洛宁渑池,1938年底还在渑池开过会,你知道那次会议吗?"小冯惊喜地回答说:"知道,我们许多青年同志就是在那次会议后,参加抗日的。"刘少奇满意地笑了。

同少奇同志见面后,小冯心情感到格外轻松,觉得病也好多了。少奇那亲切的嘱咐,极大地鼓舞了他同疾病作斗争的勇气。他决心一面治病,一面坚持工作,把报纸印好,把书刊装订好,让它们发挥更大的宣传作用。

转眼,秋末冬初,宝塔山下枫叶泛红,延河水清澈晶莹。小冯去中央门诊部复查病情,再次见到了刘少奇。刘少奇很快认出了他,走过来同他握手,关怀地询问:"病好些了吗?"

小冯笑着回答:"谢谢您,大有好转了。已经好久不吐血了。"

少奇微微侧过头来,仔细审视着他的脸色,高兴地抚摸着他的头说:"我说过,有病要好好治疗,要劳逸结合,不要背思想负担,病是一定会好的,对吗?"

小冯连声答道:"对！对！对!"

这次,小冯觉得同少奇同志是老相识了,便毫不拘束地诉起心愿来。他说:"蒋介石、胡宗南、国民党反动派不去打鬼子,却派重兵来封锁延安,害得我们中央印刷厂纸也没有了,印报纸没有纸,印光华商票(当时的边区货币,又称延安币)更加困难。最近,中央在安塞县办了一个造纸厂,自己动手造纸,组织上已经同意我到造纸厂去工作。"

听完小冯讲的一席话,刘少奇赞许地说:"小鬼,你做得对,有志气,去了要好好干,也要注意身体啊!"

望着刘少奇远去的背影,小冯有些依依不舍,泪水不知不觉地模糊了眼睛。

药　治　病　人

　　1942 年 2 月的一天,中共中央华中局书记兼新四军政委刘少奇同志突然接到一封电报。电报是毛泽东主席从延安发来的,内容是中共中央决定调刘少奇同志回延安,参加中共中央的领导工作。

　　从华中局所在地苏北阜宁到中共中央所在地陕北延安,其间有 1000 多公里的路程,要穿越日本鬼子和国民党反动派布下的上百条严密、险恶的封锁线,要翻越高耸入云、荆棘丛生的太行山;还要跨越无风三尺浪、有风便咆哮的天堑黄河。要完成这么艰险而严峻的长途行军,对于身体瘦弱、患有严重胃病的刘少奇同志来说,困难是可想而知的。

　　出发的日子到了,刘少奇同志和另外 100 多名新四军干部战士,轻装简从、依依不舍地离开了战斗生活了多年的新四军部队,踏上了去延安的征程。

　　为了使少奇同志平安顺利地度过艰苦的行军生活,临行前,医务人员们特地从被敌人占领的上海设法搞到一点治疗肠胃病的西药,以备少奇同志胃病发作时服用。那时由于日本侵略者和国民党反动派对中国共产党领导的抗日根据地实行军事进攻和经济封锁政策,根据地人民的生活很艰苦,根本没有条件自己生产药品。因此,医生们从上海为刘少奇同志搞来的那点儿药,是非常珍贵的。

一路上,刘少奇一行为了躲避敌人的岗哨,夜行晓宿、冷暖无度、饥饱无常,还要经常急行军。出发没几天,就有几位同志病倒了,他们上吐下泻,苦不堪言。医生们很是焦急,苦于药品匮乏,他们想了不少土办法,都没能有效地控制住这些同志的病情。

有同志生病的消息很快传到了刘少奇同志的耳朵里,他立即找来有关负责同志和医生,首先询问了整个队伍的身体、生活情况,然后指示说:"同志们一路上很辛苦,现在有同志病了,要在饮食卫生方面很好地照顾他们,不要让病情发展严重了。"

"医生同志,给生病的同志用了些什么药?"少奇同志问。"在田里挖了些草药给他们吃了",医生答道。"效果怎么样"?刘少奇又问。"中草药药性慢些,眼下还没有太明显的效果。"听到这里,少奇同志似乎有点不高兴,便以略带责备的语气问医生:"你们手里不是有专门治疗肠胃病的西药吗,为什么不给他们用?"医生们语塞了,嗫嚅地说:"现在距离延安的路途还很远,您的肠胃又不好,万一在半路上您病了,找不到合适的药,怎么办?从党的利益出发,我们觉得保护您的身体是特别重要的。"少奇同志听了医生们的话,随即恳切地说:"这些药目前就摆在这里,可是你们却要留给现在没有病、将来可能生病的人用。药,本来是治病救人的,救人要紧嘛!不应该眼看有病的人不给吃,而给没有病的人准备着。凡是参加革命的人,都是革命大家庭的一员,对于党来说,每个同志都是宝贵的。请你们把给我准备的药立即给病号们吃下去,使他们尽快康复。"

听了少奇同志的一席话,在场的同志们都感动不已,他们从中看到了少奇同志具有一颗火热的爱兵之心、无私的忘我之心和关心他人比关心自己为重的崇高品质。

病号们吃下了少奇同志送去的药品,病情很快有了好转,他们和同志们一起健步行进在去延安的征程上。

多 学 文 化

一天晚饭后,刘少奇像往常一样,正要走出门口去散步,刚好碰到中央警卫团班长许志望带班查岗来到门前,便热情地叫住他,问:"你叫什么名字？是不是陕北人？可曾上过学？"

"我叫许志望,是陕北人,六岁起给地主放羊,从没进过学校门。"

"那你现在文化知识学得怎么样？"

"嗨,那东西学不学有啥关系？我是一心一意干革命。"许志望满不在乎地说。

刘少奇看他是这种态度,便严肃起来:"小鬼,干革命不好好学文化可不行噢,它们可不是两回事啊。现在我们打日本鬼子,打国民党反动派,还要做发动群众、瓦解敌人的工作,没有文化就讲不好革命道理。将来我们建设新中国,更需要大量的科学知识、更需要学文化。"

刘少奇的话说得很在理,许志望没有话说了。

"当然了,学文化有困难,困难可以克服嘛。每一个人的文化知识都是通过艰苦努力得来的,要有点蚂蚁啃骨头的精神。"说着,刘少奇扳起了指头:"一天学两个字,明白这两个字的意思,那么一个月就是 60 个,几年过后你就是个'秀才'了。这种日积月累的道理你不会不懂吧？就看你有没有毅力了。"

"有！"许志望挺起胸脯,坚定地说。

回到班里后,许志望把少奇的话对战友们一说,大家学习的劲头都来了。他们自动组织了学习小组,互教互学,很快就识了不少字。到抗日战争结束时,他们这些不识一个字的睁眼瞎子,拿起书报能念、掂起笔杆能写,真的成了"秀才"了呢。

制　度　莫　破

一天,刘少奇到中央直属机关幼儿园去检查工作。陪他一起去的警卫员郭清俊为了让首长少走一段路,就领着他抄小道走向幼儿园后边的小门。他们哪儿知道,这个小门只准幼儿园的工作人员出入,其他人不准进入。他们刚走到门口,就被守门的一位老同志给拦住了。郭清俊见他不认识刘少奇,坚决不让进去,就想讲明情况:"老同志,您不认识吗,这是……"他还没说出刘少奇的名字,刘少奇就把他给拦住了,说:"人家规定的制度,咱别破坏。走,咱还是走大门去吧。"说着,拉着郭清俊绕了一里多路,从大门来到幼儿园。

几天之后,吃完晚饭,郭清俊又陪刘少奇出去散步。当他俩走到一个菜园时,一只大黑狗蹿出来,直往他俩身上扑。这还了得,咬着首长怎么办。郭清俊赶忙一边保护首长,一边捡土块投去,想把狗吓跑。可是,大黑狗跑前跑后就是不放过他们,气得郭清俊掏出枪来就要打。刘少奇一见,一把抓住他手里的枪说:"千万不能打! 你知道这是谁家的狗? 万一是老乡家的,你把它打死了怎么办?"拽着他绕开了这个菜园,大黑狗才跑掉了。郭清俊心里有点不高兴,嘴里直嘟囔:"真窝囊,拿条狗都没办法。我怎么就没把它打死呢?"刘少奇耐心地对他说:"毛主席为我们制定的'三大纪律八项注意',我们必须坚决照着办,不许损害群众的利益。老乡养狗是为了看家的,你把它打死了,就会影响群众关系。我们不走那条路没什么,影响了群众关系可不得了啊! 你说是不是?"郭清俊点点头,气也消了。

关　怀　下　级

　　一次,警卫员郭清俊受凉腰疼。刘少奇知道后,立即将自己的热水袋给他送去暖腰。郭清俊知道首长肠胃不好,不但每天晚上要用,而且常常吃过饭还得用它暖肚子,便推辞说:"这可不行,你是首长,身体又有病,天天都离不了它,还是你用吧!""什么首长、战士的,首长和战士都是人民的勤务员。我是老病号了,问题不大,你就放心地用吧。"刘少奇说着,把已经灌上热水的胶皮袋塞进了郭清俊的被窝。

　　刘新年刚到刘少奇身边时,才16岁,而且个子又矮,刘少奇总是拿他当孩子看待,常常给他讲故事,有时还教他学文化,关怀得可周到啦。有一次过儿童节,中央直属机关小学都放假,小朋友们做游戏,演节目,玩得非常热闹,刘新年瞧得眼睛都快直了,抓耳挠腮的,羡慕得不得了。看他那副样子,刘少奇笑容满面地对他说:"小鬼,今天是你们的节日,什么工作也不用干,白天放假,晚上去礼堂看戏!"高兴得刘新年立刻手舞足蹈起来。

　　还有一次,刘新年得盲肠炎住了医院,刘少奇特意让卫士长到医院给他送去鸡蛋、水果和白糖,并转告他在医院安心休养,不要惦记工作。可是,刘新年担心新调来替换他的同志不熟悉首长的工作和生活习惯,给首长带来不便,急着要出院。结果,在医院只住了一个星期,刀口刚拆线就出了院。刘少奇见他捂着肚子回来,很不高兴地说:"我说你这个小鬼呀,真不听话,让你在医院多住几天,好好养一养,偏偏要跑回来!"说着,便解开刘新年的腰带看刀口,用手轻轻按了按他的肚子问:"疼不疼?""这样还行,就是一直起腰来还有些疼。"刘少奇一听,马上以命令的口气说:"既然这样,干嘛还要从医院跑回来,再回去住几天,好利索再回来!"看刘新年一脸不情愿,他口气缓和了许多,"可以不回医院,但不许工作,先休息一个月!"小刘回房休息去了,刘少奇又把卫士长叫来,让他到后勤领来挂面、鸡蛋、白糖等,给刘新年加强营养。

刘少奇就是这样待人和蔼可亲,体贴备至,从不以首长、领导自居。

一天夜晚,他在办公室工作疲倦了去院子里散步。走到外屋时,一不小心跌进一米多深的炉灰坑里,腿上划破三四寸长一块皮,鲜血直流。值班的郭清俊发现是由于自己疏忽大意,白天忘记将炉灰坑盖好,使首长受了伤,心里感到非常不安。他说明了是自己的过错后,老老实实地站在那儿,静等着一顿暴批呢。可是,刘少奇丝毫没责怪他,反而安慰他说:"破了皮没关系。你也别傻站着了,快去医务室给我要点药来,上上就会好的。""哎!"郭清俊心中一块石头落了地,轻快地朝医务室跑去。

救命要紧

喝了安泽的河水，

粗了脖子细了腿。

财主剥削心肠黑，

病灾蔓延民受罪。

这是旧社会流传在安泽一带的歌谣，它是对安泽人民苦难生活的真实写照：他们不仅深受官府财主高压盘剥，还饱受水土病造成的莫大痛苦和灾难。得了水土病的人，身材矮小，骨骼畸形，肌肉萎缩，关节疼痛，有的甚至成为"身高不过三尺，迈步不过三寸，手提不过三斤"的残废人。妇女得了这种病，还常常因为分娩难产而母子双亡。人们盼望着能彻底战胜病魔，可连饭都吃不饱，哪还有钱治病呢？

1944 年春天，刘少奇路过安泽，刚刚来到木家村，顾不上打扫身上的灰尘，就首先过问家家户户老百姓有什么疾苦？正询问间，他看到对面山坡下一个中年农民担了一担水，沿着弯弯曲曲的山路，蹒跚地爬上来。这本没有什么稀奇，但刘少奇的目光却被牢牢地吸引住了，警卫人员几次和他说话，都没有打断他的注意力。惊奇之间，大家也都看出了问题：中年农民走得很慢，两条腿向里弯着，几乎每跨上一步,都要费很大力气,这与正常的中年人大不一样。过了好一会儿,这位中年农民终于爬上了山坡,走到院里来。原来刘少奇住的正是他家。

"老乡,你不舒服?你的腿有病吗?"刘少奇迎上去,亲切地问。

中年农民伸出双手,只见他十个手指头的骨节都肿得像水萝卜一样。他痛苦地告诉刘少奇说:"这种病叫水土病,骨节慢慢地会肿起来的,干活很困难。"

"村里害这种病的人多不多,它对寿命有没有影响?这种病是怎么得的?"刘少奇又关切地追问道。

"说不上是怎么得的,这地方害过病的人可多哩,祖祖辈辈都有人害,也没办法治。害上了这种病,要想多活几年,可不容易啊!"中年农民满脸忧伤,无可奈何地说。

刘少奇沉默了一会儿,安慰道:"一定能找出得病的根源。根源找到了,这病也就能治了。"

说完,刘少奇立即沿着老乡们走路的水溪,进行了仔细的观察,发现山坡上的榆树、枣树叶子随风刮落在溪水中,有的顺水流走了,有的沉在水底,已变成黑褐色,散发着霉烂的气味。此情此景,令刘少奇心中一动。略一沉吟,他对身边随行的人说:"老百姓得这种病是很痛苦的。你们看,是不是喝了不干净的水,水里有什么毒素或有害的矿物质?还是缺少什么营养……"

在场的人,谁也回答不上来。刘少奇就对太岳军区参谋长毕占云说:"水土病是群众世世代代的痛苦,我们要想法给群众治好病,让他们恢复健康,好让他们发展生产,改善生活。军区是不是尽快派些医生来?"毕占云点点头,说:"可以。我们一定尽快派人来。"

几天后,刘少奇就离开了安泽,但他那一番深情厚谊却在安泽深深地扎下了根。无论在战火纷飞的年代,还是在全国解放以后的几年中,一批批地方和部队的医疗队赶来安泽,在对两万多名大骨节病人的普查、认真分析研究当地饮水、用水,水质、土质情况的基础上,医生们终于找出了患水土病的根本原因——水质有问题。病因找到了,也就能对症下药了。几年之后,安泽县百分之九十四的患者减轻了痛苦或恢复了健康,绝大多数人能下地参加劳动。川口村全体病愈的农民,在写给刘少奇的信中说:"过去我们痛苦到极点,心里常常怕狼吃、怕贼偷、怕下坑、怕离婚,梦里也没想到还能变得干活快、走路快、夫妇感情好。我们感谢共产党,感谢您的关怀,决心好好劳动,争取人人做个心红手巧的好标兵。"

民主"家长"

  在刘少奇身边工作的同志都无拘无束,心情十分舒畅。少奇爱大家,大家敬少奇,和和气气,实在觉得惬意。他经常召集大家开家庭会,有什么问题,都在会上解决,让大家发表不同意见,开展批评和自我批评。他总是耐心地听每个人的讲话,从不训人、骂人,而是以理服人,心平气和地说服教育,大家都说他是个讲民主的"好家长"。

  1946 年的一天,不知是谁把一个打水的砂锅打坏了。第二天,孩子的母亲说是保姆白秀英打的,白秀英不认账,两人就互相争吵起来:"你打的!""不是我!""就是你打的!""就不是我!"一声比一声高,刘少奇在办公室都听到了。他马上出来把她们俩说开。他对爱人说:"一家人,怎么能吵嘴呢?有什么问题晚上开个家庭会聊聊。"

  当日吃过晚饭,刘少奇把勤务员、警卫员、秘书、白秀英和另一个保姆,还有孩子的母亲,叫到一起开了个家庭会。会上,他给大家讲了团结友爱的好处,讲了吵嘴的坏处,严肃批评了自己的爱人。他说:"一家人最要紧的是互相信任,团结友爱,这样才能心情舒畅,干起工作来也就痛快得多。而有了点问题,就互相埋怨,互相怀疑,吵吵嚷嚷,只能使事情更糟,什么问题也解决不了。"他转过身,面对着妻子说:"砂锅已经坏了,你发那么大脾气又有什么用呢? 再说,你怎么能随便指责白秀英同志,说是她打的呢? 你有什么证据?"

爱人红着脸,不好意思地说:"我只是一时心疼上火,见她在场,就以为是她打的。这事是我不对,请大家批评。"她又拉住白秀英的手说:"实在对不起,让你受委屈了。你一定会原谅我的,是不是?"

看到这种情景,大家都笑了,她们两人也跟着笑起来,一肚子怨气随着笑声消失得无影无踪。会后,两人相处得更好了。

当好"猴王"

1946年夏天的一个午后,炽热的太阳烤得大地滚烫滚烫的。延安抗小的师生员工们正在午休,学校里异常安静,唯有山洼树枝上的知了,好像赛嗓门似的,"嘶啦——嘶啦"地叫个不停。

惠怀国老师班上有个学生生病,午睡时他给那个学生喂完药躺上床去,怎么也睡不着。于是,他索性爬起来,批改作业,估计快到起床时间了,他就夹上作业本,匆匆走下山坡,准备到教室里去。这时,从山坡下走上来一位身材高大的人,他头戴草帽,身穿已经洗得发白了的灰粗布衣服。他在老远就向惠怀国连连招手。

惠怀国心中暗想:这么大热天,又是午休时间,谁有什么急事来这里呀? 当他疾步走到那人跟前,不禁一愣:多么面熟啊! 咦,这不是少奇同志?! 惠怀国真是又惊又喜,一时手足无措,只是拘谨地向刘少奇行了一个礼。

"我是刘少奇,来学校看看。"刘少奇满脸笑容,一边伸手和惠怀国握手,一边作自我介绍。说着,又把惠怀国仔细打量了一下问道:"你是学校的教师吧?"惠怀国赶忙回答:"是呀!"刘少奇乐呵呵地说:"噢! 这么说来,你还是个'猴王'吆!"这诙谐风趣的话语,把惠怀国逗得笑了起来,拘束紧张的情绪也一下子跑得无影无踪了。

"我去把校长请来吧?"惠怀国说。

"不忙,现在正午休,先别打扰他。"

刘少奇这么一说,惠怀国不禁暗自思忖:少奇同志日夜劳累,还冒着酷暑来学校看望我们,我们少休息一会儿又有什么关系呢?

院子里连一丝风都没有,又闷又热。惠怀国劝刘少奇到教室里坐坐,凉快凉快,但刘少奇谢绝了惠怀国的好意,坚持说要随便走走看看。他在院子里边走边问惠怀国叫什么名字,哪一年开始当教师的,教什么课程,娃娃们好管不好管,生活上有什么困难,想不想家。惠怀国一一作了回答后,告诉刘少奇:我们和一群天真活泼的孩子整天生活在一起,老师爱护学生,学生尊敬老师,师生之间感情非常融洽,大部分教师热爱党的教育事业,工作是安心的。

刘少奇点头含笑说:"是啊,只有热爱自己干的工作,才能钻进去,才能干好哟!"他沉思了一下,又爽朗地说,"小学是基础教育。小学教师是基础工程师,你们要教好孩子,当好'猴王',为革命培养后代,为将来的新中国培育人才!"

刘少奇对小学教师工作的高度评价,使惠怀国心里热乎乎的。他激动地说:"我们的工作做得还不够,今后还要勤奋学习,进一步搞好工作。"

刘少奇赞许地说:"嗯,学习很重要,什么本事都是学来的。教师不但要继续学习文化知识,还要学习掌握教育的科学规律,譬如新道德观的培养、教学态度、教学方法、民主管理、儿童生理、心理学等等,都要很好地研究,认真地学习。同时,在教学中,在学生身上也可学到许多东西,拓展思维,增长新见识。古人讲,教学相长,就是这个意思。你说对不对呀?"惠怀国说:"是的!要学的东西确实很多很多,要开拓的新领域也很多很多啊!"

走了几步,刘少奇突然又问:"有个叫崔英的小朋友你认识不?"

"认识!不就是那个生在朝鲜、长在中国的朝鲜孩子吗?"

"这个孩子在学校里表现怎样?"

"这孩子是父母亲在监狱里生的,个性比较倔强,过去爱和同学们打架。后来,在老师的耐心教育和启发诱导下,进步很快,爱打架的毛病克服了,学习成绩也提高很快,还被选为学生服务团团长和生产劳动课木工组组长呢。"

刘少奇听罢,欣喜地说:"不能小看孩子。孩子有了缺点,要善于启发诱导。只要教师把他们的精力和智慧引导到正确的方向,他们就能做出许多有益的事情来的。"

接着,刘少奇又关切地问:"阿毛这孩子晚上还尿床不尿床?"阿毛是项英烈士的孩子。

惠怀国说:"这孩子过去每天晚上都要尿床,特别是冬天,两个褥子轮流烤、晒都替换不过来。后来,他们班韩老师就下功夫摸他尿床的规律,每晚按时叫他好几回,慢慢养成了习惯,能做到自己醒来撒尿,尿床的毛病也就逐渐改掉了。"

"好!这样的老师是好样的!"刘少奇听后高兴地说。

惠怀国又说:"阿毛不仅改掉了尿床的毛病,其他方面也都有了很大的进步,他姐姐说'阿毛正由毛毛虫变花蝴蝶哩!'"

刘少奇点点头,爽朗地笑了。

这时,两人来到了学校的墙报前面,刘少奇停住脚步,详细地看了起来。当他看到一个孩子写打木瓜时踏坏了老乡的几棵庄稼,去给老乡赔礼道歉的事后,语重心长地说:"要让孩子们牢记:他们是延安人民用小米养大的,要永远尊敬老百姓,热爱老百姓……"他又绕着几个教室看了看说:"窑洞做教室,光线不好,你们要设法保护孩子们的眼睛……"

这时,校长得知消息,兴奋地从山坡上跑了下来。刘少奇热情地握住校长的手,又向惠怀国道了声"再见"后便随校长向学校办公室走去。惠怀国望着刘少奇的背影,不觉间眼角湿了……

伙 食 同 样

　　刘少奇常对工作人员说:"生活艰苦点好,可以长志气。"他是这样说的,自己也是这样做的。

　　一次,译电员郭家魁骑马给他送去一份特急电报,把电报交给他后,便转身出门往回走,少奇的管理员追上来说:"午饭时间到了,不要回去啦,少奇同志要留你吃饭。"

　　由于要马上写复电,刘少奇便叫大家先吃,不用等他。一起吃饭的,有徐特立同志、徐彬同志、翻译和医生。郭家魁原想,刘少奇同志是党的领袖,伙食一定很好。但进食堂一看,桌子上只有一盘白菜、一盘菠菜、一盘萝卜和一碗汤,没有肉,只稍微挂点腥,盘子也很小。郭家魁很惊异,没有多吃,就慌忙起身。徐老拉住他说:"你这小鬼,一定没吃饱。"郭家魁心说:你们这一小盆饭,都给我吃了,也填不饱肚子呢?

　　郭家魁出了门,几乎与正好也走到食堂门口的刘少奇撞了个满怀。刘少奇把写好的复电交给郭家魁,指示迅速发出,并问他吃饭了没有,郭家魁说:"吃了。""这么快就吃完了,吃饱了没有?""吃好了!"译电员们听说少奇同志留他吃了饭,都围上来,开玩笑地说:"这回你可改善了一顿。"郭家魁忙摆摆手,一本正经地说:"少奇同志吃的跟我们一样。他是个不平常的人物,伙食却很平常呢!"

　　说来也怪,自从在少奇同志那里吃饭以后,郭家魁吃着小米饭格外香甜。虽然当时部队生活比较艰苦,但他们一想到中央首长和自己一个样,就觉得苦中有甜、苦中有乐。

莫 装 大 象

西柏坡村边有棵槐树,枝茂叶繁,每到夏日,它就像一把巨大的凉伞,在草地上投下一大片浓荫,供人们到这里纳凉、交谈。1947年夏的一天,大树下忽然来了许多带各种口音的人,分几组坐在草地上你谈我讲,气氛十分热烈活跃。原来,他们是参加土地工作会议的全国各大解放区的代表。他们把这里当作一个再好不过的露天会场了。他们刚听完刘少奇的讲话,便从会场跑到这里,讨论开了。

代表们谈得正热闹,刘少奇穿着一件旧而整洁的白衬衣,悄悄地朝一个小组走来。他尽量把脚步放得轻些、慢些,生怕打断了代表们的讨论。但大家早已看见了他,一齐站起来欢迎他。

"你们真会找地方啊!"刘少奇笑着走到众人面前,边说边打量着这棵大槐树。

"请刘副主席和我们一起讨论!"大家欢笑着鼓起掌来。

"我可从来不喜欢别人喊我什么副主席",刘少奇半开玩笑半认真地说,"同在一个革命队伍里,大家都一样。我见了你们总喊某某同志,你们就叫我'少奇同志'吧! 这样称呼,使人感到亲切!"说得大家都笑了。

接着,刘少奇就盘起腿和大家席地而坐,继续开会。他和代表们一起讨论问题,就跟拉家常一样,十分随和。代表们也都觉得他平易近人,和蔼可亲,尽把心里话往外掏,谁也不拘束。可是,有个青年代表在谈到土地政策方面的一些问题时,感到怎么也说不清楚自己的想法,有点慌了。

"你谈得很好,抓住问题的实质了。"少奇同志从水壶里倒出一杯水,递给这个青年,鼓励他说,"接着谈下去,把你想到的都谈出来。"

"我怕说错了……"那青年红着脸说。

"即便说错一句话,又有什么呢?"刘少奇说,"世界上恐怕连一个不犯错误的人也找不到。要干革命,就不怕犯错误。我们共产党就是在与错误的斗争中发展壮大起来的。关键就在于,我们能够及时发现并且不断纠正自己的错误。"停了一会儿,他的目光扫视了一下,又说:"在我们党的历史上,只有王明才不承认自己有错误,自认为'百分之百的布尔什维克主义',把自己装扮成真理的化身,好像比马克思主义还马克思主义了。其实,马克思主义也要在革命实践中不断地发展和完善。什么'百分之百的正确?!'那是猪鼻子插葱——他在装大象哩!"

他的插话,引来了代表们一阵热烈的掌声。当他发现刚才发言的那位青年不好意思地低下头时,便歉意地笑了笑说:"请原谅我扯远了话题。你还是接着往下讲吧!"

于是,大槐树底下的讨论会开得更火热了。

巧 解 真 理

　　1947年夏日的一个晚饭后,西柏坡村外的一条长满青草的小路上,漫步走来五六个参加全国土地会议的代表,刘少奇走在他们中间,亲切地攀谈着、讨论着。阵阵微风徐徐吹过,给人一种凉爽轻松的快感。

　　本来,刘少奇平时言谈较少,喜欢独自思考问题,因而也就养成了散步的习惯,而且最好是在饭后,一个人在短距离的路线上来回踱步。可是,在这次土地会议期间,他却乐意和代表们一起散步,三三两两、说说笑笑之中听取群众意见,了解各大解放区的土地工作情况。这已成了他几天来晚饭后的一个重要活动内容。

　　此时,漫步在广袤无垠的田野上,放眼望去,仿佛天高地远,眼界是那样的开阔。刘少奇不禁又想起了前方的战争,想起了正在奋勇杀敌的将士,想起了烽火岁月,想起了雄关漫道……他深深地呼吸着新鲜空气,心情格外愉快舒畅。

　　这时,一声呼唤打断了他的沉思,把他唤回刚才正在进行着的讨论中。

　　"少奇同志",一位年龄大点的代表说,"我在延安时,就经常听你的讲课。说来也怪,很多弄不懂的疑难问题,经你一讲，只几句话，就说清了，留给人的印象又很深。我们在底下经常议论，大家都说你的知识很渊博，一定读了很多的书吧！”

“书是读过一些，可大多都是古书。”刘少奇说，“只有后来读到了马克思、恩格斯、列宁的著作，才算真正学到了一点知识。但是，光凭这点书本知识，要干好中国的事情，还是很不够的，还需要向实践学习，向同志们学习。譬如这次会上，我就向你们学到了很多东西啊！”

“少奇同志，你总是那么谦虚！”另一个青年代表说，“我想请教你一个问题。”

“好哇！”刘少奇笑着说，“你提出来，咱们一块儿讨论。”

“在今天的大会上，你曾几次强调指出，共产党员要随时坚持真理，修正错误。”那个青年望着少奇慈祥和蔼的面孔说，“这‘真理’两个字，到底怎么解释呢？怎样才能算坚持了‘真理’呢？”

“你这个问题提得好，”少奇微笑着说，“‘真理’这个概念，要从理论上真正搞清楚，不是几句话的问题，可我们通常所讲的‘真理’是什么呢？”他停了一会儿，接上说，“只有绝大多数人最大最高的利益，这才是真理。我们坚持绝大多数人最大最高的利益，就是坚持真理。”

见大家听懂了，而且都表示在今后的斗争中坚持真理，修正错误，努力为绝大多数人的利益而终生奋斗，刘少奇满意地点了点头，微微地笑了。

念 的 真 经

　　在河北阜平县城南庄南边 12 华里的地方,有个山清水秀的温塘村,村背后有一眼汩汩畅流的天然温泉。它究竟流了多少年,谁也无法查考。人们只记得,不管是春夏秋冬,草荣草枯,这眼温泉流出的水,永远是那样清澈透明、润人肌肤、爽心活肺。人们把它誉为宝泉,更有很多人说它是"圣水"。上下邻村的穷庄户人,有个大病小灾的,都来这里洗治。一些疮疖疥癣之类的皮肤病,还真有效哩!每逢春暖花开、蜂飞蝶舞的清明节,客人纷至沓来,小小的温塘村熙熙攘攘,可热闹啦!

　　光阴似箭,时间的车轮驰进了 1947 年,阜平已经是老解放区了,处处是艳阳春风,鸟语花香,到温塘村洗温泉的人就更多了。不过,党中央副主席刘少奇的到来,还是令温塘村人感到大大的惊奇和自豪,温塘村从来还没来过这么大的首长啊!他们准备了最好的房子,要给刘少奇住。但刘少奇这天早晨到来后,首先询问的是群众的疾苦,当他了解到这个小村庄只有 13 户人家,住房比较紧,便谢绝了村干部要他住进准备好的民房里的安排,决定住到北坡的三间伽蓝庙里。这座庙宇说不准是什么年代盖的了,世世代代,没见庙里的菩萨给这儿的庄户人带来半点好处,却要人们成年累月白白流汗为庙里养种斋地。眼下,这座庙年久失修,屋内墙泥驳落,结满了蜘蛛网。工作人员不同意刘少奇在那儿住,嘟囔说:"那也太破了,怎么住人? 人家都给安排好了房子,就住过去算了。"刘少奇听见这话,便诚恳地说:"你们都知道,也都看到了,村子里只有13户人家,房子也不多。为了给我们腾房子,他们要克服多少困难啊! 伽蓝庙虽破旧些,但收拾收拾还是蛮可以住人的嘛。况且和民房只隔开一段路,联系群众方便。这样,既有利工作,又不影响群众生活,不是挺好吗!"听少奇同志这么一说,工作人员不言语了,他们一起动手,只半天就修整干净了。要知道刘少奇在这里生活工作了两个多月,就是为着全国的劳苦大众永远不再住那四面透风的破房子啊!

黄昏时,忙活了一天的村民们,端着饭碗坐在院心的石墩上,望着伽蓝庙的灯光,情不自禁地念叨着:"刘副主席,您老人家直直腰歇息一会儿吧,也该吃饭了呀!"夜深睡觉前,他们看一眼伽蓝庙,灯光更亮了。鸡叫了,他们起床给毛驴添草加料时,也都要望望伽蓝庙,哎呀,灯光依然通明。小小的麻纸窗上,映出刘少奇伏案端坐的高大身影。有几天深夜,紧挨伽蓝庙的张大娘家时常传出小孩的啼哭声,刘少奇听到后,就派警卫员去了解情况。当他听说是张大娘刚添了第二个娃娃,奶水却不够吃,小孩夜里饿得直哭时,便派人送过去几袋奶粉,小孩吃饱肚子了,就不再哭了。而他自己呢,在寂静的夜晚工作得更勤奋了。

当黎明降临时,踏着熹微的晨光,刘少奇就到爽心活肺的温泉里痛痛快快洗个澡,驱走浑身寒气,洗尽一夜的倦意。吃罢早饭,灿烂的霞光撒满了青山绿水,他就带上一本厚厚的书,警卫员提着木凳,一前一后地穿过街心,和路遇的乡亲们点头微笑着,顺便拉几句家常,来到村西小南沟里,坐在青青的核桃树下聚精会神地读起书来。那两棵生机勃勃的核桃树,展开巴掌大碧油油、翠生生的新叶,悠悠摆动着,像在欢迎鼓掌,又没半点声息。温塘河边,沟洼山峦的庄稼人,遥望核桃树下,端坐着读书的刘少奇,都欣慰地笑了。他们没问过刘少奇读的是啥书,但他们一个个心里像明镜一样,都吃准那是革命的书,替穷人说话的书。人们说:"祖宗八代了,这伽蓝庙念的是脏(藏)经,尽是迷信、麻醉、捉弄咱一字不识的庄户人。现在,刘副主席住进伽蓝庙,念的是真经、革命经。直把洋鬼子念跑了,刮(国)民党念倒了,咱庄户人的日子一天天好起来了,真是法力无边啊!"

一 套 棉 衣

1947 年秋末，华北大地已是早霜晚冻，冷风习习，人人加衣的时候了。但是，为了支持前方将士多打胜仗，中央领导和中央机关的干部战士节衣缩食，每个人仍然穿着单衣。

刘少奇由于长期患肠胃病，体质很差，再加上天气冷，衣着单薄，愈加虚弱。随身卫士王景清看在眼里，急在心上，就想请求中直供给部先为他做一套新棉衣。王景清心里琢磨，这事要是跟刘少奇一说，他准会不同意。但他又不敢不说，因为刘少奇有规定，凡是为他添置东西，必须事先征得他的同意。当王景清把自己的想法告诉了刘少奇之后，他果然不高兴地说："你不能只想到为我做棉衣。现在大家都是穿的单衣嘛！"

王景清急忙辩解道："你不是常说具体问题具体分析吗？你的身体不好，经不得这么冷，怎么能跟我们比呢！"

刘少奇面带笑容，很有信心地说："身体比我差的同志还有，更何况我们是在后方。小王，要知道在前方工作战斗的同志比我们的困难更大，还天天打胜仗。相比之下，我们这点困难又算得了什么！以后会有棉衣穿的。"王景清听了这番语重心长的话语，被深深地打动了。但是，总不能让他挨冷受冻啊。于是，王景清把刘少奇在延安时已穿过两个冬天、拆洗过一次的旧棉衣找了出来,进行第二次拆洗。因为棉衣陈旧,衣袖和裤腿已磨开了好几个窟窿。王景清到中直供给部领补丁时,把少奇同志的棉衣情况作了汇报。供给部的领导当即决定,先给中央首长和其随身卫士每人做一套新棉衣。

第二天上午,中直供给部的同志带裁缝师傅来给刘少奇做棉衣。刘少奇问清情况以后,坚决不同意做。他严肃地说:"我们是领导机关,要处处给部队做表率。而且,越是困难的时候,越是要先想到部队,先为部队解决困难。"当供给部的同志向他说明中直部队的棉衣已经做好下发,机关的棉衣正在赶制之后,他高兴地勉励说:"你们中直供给部的工作做得不错。要尽快先把部队的棉衣发下去,也要抓紧时间赶制机关的棉衣,要让大家早日穿上新棉衣。"

从一套普通的棉衣,人们看到了刘少奇关心他人、严以律己的高尚品质。

人 才 重 要

　　1949 年 5 月 10 日下午,刘少奇到开滦林西煤矿视察。当他缓步走到总机厂门口时,林西煤矿的工程师林嗣宏走过来,拉住他的手说道:"我认识你!"

　　"在哪儿?"刘少奇很惊奇地问。

　　"在安源,你搞工会工作,我当技术员。"

　　"噢! 你好啊? 你原来是学什么的? 你要用科学技术知识建设社会主义,眼下要把煤矿管好,发挥你们工程技术人员的作用。"

　　"可煤矿是资本家的呀!"林嗣宏有些顾虑重重。

　　"煤炭生产发展了,对国家、对社会主义也有好处嘛!"刘少奇笑着解释说。

　　见到林嗣宏以后,刘少奇很自然地想到了对整个工程技术人员的团结教育和使用,他问开滦军代表王涛江同志:"当前开滦职员的态度如何呀?"

　　王涛江回答说:"解放以后,中下级职员热情很高,觉得出了一口气,他们兴高采烈。但很多中高级职员瞧不起共产党。一部分人不相信共产党能办好工业,管好城市,因此对我们敬而远之。还有一部分人依仗国民党的势力,曾欺压工人,花黑钱,打骂工人,所以他们对共产党又害怕,又抵触。"

"他们怕什么呀?"

"怕掉头。"

"你们军代表在对待高中级职员的态度和认识上是不是存在不正确的偏见呀?"

王涛江和另一位军代表章萍面面相觑,不知如何回答是好。刘少奇眼睛盯着两位军代表,意味深长地说:

"建设社会主义没有知识不行。"

他又看着章萍,亲切地问:

"你是哪里人,什么时候参加工作? 现分工管什么?"

"我是延安来的,原来是开滦工人,现在分工筹建工会。"

"噢! 是不是应吸收那些工程技术人员和高中级职员加入你们那个工会呀!"

章萍思考着怎样回答,另一位军代表迟疑地开口了:"有人说那些高级职员是代表资本家方面利益的,因此不能加入工会。几十年来,他们的待遇也极不合理,高级职员的薪金较普通工人高 20.9 倍,中级职员的薪金较普通工人高 8 倍。要他们加入工会,怕是工人有意见。"

"你说的是事实,但我们要全面地看问题",刘少奇和蔼地解释说,"他们待遇虽高,也是靠薪金生活嘛! 他们是脑力劳动者,因此,他们也是工人阶级的一部分。对于高级职员加入工会,工人如果不服气,要向工人做工作。要办工人学校,办工人技术学校,号召工人学文化,学科学,提高自己的文化科学知识水平。要依靠工人阶级建设开滦,依靠工人阶级团结、教育和改造知识分子。"

最后,刘少奇加重语气,重复道:"要记住这一点,没有知识分子,社会主义便不能胜利!"

在场的人都深深地点了点头。

齐 称 同 志

在 1954 年召开的第一届全国人民代表大会上，刘少奇当选为全国人大常委会委员长。有一次，杨俊去向他报告工作，没有像往常那样喊"少奇同志"，而是喊了一声"委员长"。先头，他好像没听见，根本不理，当叫了第三声"委员长"时，他才抬起头来，不高兴地反问道："你怎么突然叫这个，不感到别扭吗？"

因为平时刘少奇很少责怪工作人员，这一问，把杨俊问了个大红脸，呆在那不知说什么好。在场的王光美同志赶紧向他解释说："你怎么叫他'委员长'呀？委员长是对外的，在家里还叫'少奇同志'嘛！"

这时，刘少奇也接着说："以后不要这样叫了，叫同志多顺口啊！"

为了使工作人员都记住这一点，刘少奇特意把他们叫到一块儿，解释说："在我们党内，只有三个人，一个是毛主席，一个是周总理，一个是朱总司令，大家称为主席、总理、总司令，都习惯了，不必改，其他人，应该一律互相称同志。在党内，我们的地位不分高低，都是平等的嘛。你们不要叫我委员长，还是按咱们的老规矩，称'少奇同志'。"

1959 年，刘少奇当了国家主席，但他只是在公开场合和外事活动中以国家主席的身份出现。在办公室里,却没有任何变化,仍然是那样俭朴,那样亲切,那样平易近人。不过,谁要称他官衔,仍是连叫几声他都没反应,但一改称"少奇同志",他马上就答应了。因此,工作人员在他面前,仍然是那样无拘无束,仍然是那样既尊敬又亲近,相处得像一家人。

褚 光 来 信

　　1950 年 5 月的一天，一封写明北京"中共中央刘少奇同志收"的普通信件摆在了刘少奇的办公桌上，寄信人地址为上海猪鬃公司。刘少奇看着信，认真地想了又想，否定了朋友、亲戚之类的来信的可能，那么它是谁寄来的呢？也许是一封普通的群众来信吧，刘少奇心里一动，打开信一看，果然是这样：一名叫褚光的上海猪鬃公司的工人，对当时人民银行储蓄业务中的一个问题，有不同看法，提出了这份书面建议。看完后，刘少奇便想交秘书去办。是啊，作为刚刚成立不久的中华人民共和国中央人民政府副主席，刘少奇有多少大事要做呀！但他又马上打消了叫秘书去办的念头。他想，这位叫褚光的工人把信寄给我，是需要多大的勇气啊，心中一定充满了希望。人民当家作主，这也是一个方面嘛。于是，他沉思了一下，欣然提笔回信。

　　而褚光呢，身在上海，心在北京。心里不住地犯合计：刘副主席那么忙，我把信寄给他，他会看吗？能有回音吗？可我也是为国家建设着想啊，不管有没有回音，我也算为国家尽了一份心。就这样，他心里七上八下，又懊悔又充满希望地过了一天、两天……到了第 6 天，一封具有"中央人民政府刘缄"的信件寄到了他的手里。啊，刘副主席回信啦！

褚光喜出望外,迫不及待地拆开信一看,只见一张普通的白纸上端正地写着:

褚光同志:

　　来信收到,所提意见,已转至有关方面研究处理。
此致
　　敬礼!

刘少奇

5 月 19 日

　　字虽不多,也不知原建议最后怎样,但褚光看完信,已充分感受到自己成了新中国主人的光荣,心里那个高兴劲就甭提了。后来,他又得知自己书面建议中所提及的问题,人民银行在实际工作中已作了改进,他就更珍惜那封回信了。

百 花 齐 放

　　古老的十三陵妩媚多姿,参天松柏,莽莽苍苍,百花杂草,斑斓缤纷,依山傍水的十三个明帝陵墓及其附属建筑,掩映在花木丛中,宏伟庄严,金碧交辉。整个景观,像是一幅巨大的立体画,在向人们展示我国几百年前的那一段历史。

　　1956 年 5 月 13 日,一个晴朗的星期天,北京大学历史系两个班级的同学,在许大龄老师率领下,到这儿来上"历史实习课"。当几个同学来到被称为"宝顶"的土山上时,忽然见刘少奇穿一身深蓝色哗叽中山装,右手拿一顶大檐草帽,正站在那里扇风。王光美同志穿蓝色西式上装和裙子。两个穿花裙的小女孩和一个穿咖啡色裤子的男孩跟在他们身旁愉快地戏耍。"少奇同志也来啦!"同学们闻讯纷纷赶来,把刘少奇他们围在了当中。王光美同志先看清了他们胸前佩戴的校徽,转身对刘少奇说:"他们是北大的。"

　　听说是学生,刘少奇亲切地招呼道:"过来吧,请过来吧!"

　　他和走上前的同学们一个个握过手,把草帽放在林荫处坐下来,并示意要同学们坐在他的周围。然后,点燃一支烟吸着,很随便地问:"你们是北大哪个系的?"

"历史系的。"同学们齐声回答。

"噢,学历史很好。"刘少奇说,"历史的经验很有用。你们念些什么课?是不是从猿学起?"

"是的,是从猿学起。"

"最近在广西发现了一颗大牙齿,有人说是猿的,有人说是人的,你们说是什么?"

"是巨猿。这是裴文中先生说的。"

"不管是谁说的,你们要好好研究研究。比如有人传说,永乐皇帝要从地下出来了,你们相信吗?"

同学中爆发了一阵笑声,显然是这种传说很可笑。刘少奇从一位年轻同志手里接过一杯开水,喝了几口,问大家:"最近提出'百花齐放,百家争鸣',你们知道吗?"

"知道了。"同学们齐答。接着有人问道:

"您看,对'百花齐放,百家争鸣'应当怎样理解?"

"'百家争鸣'早在春秋战国就有了。'百花齐放'是在中央会议上有人提出来,毛主席把它提高了,提出'百花齐放,百家争鸣'作为我们党指导文艺和学术的方针。"

"为什么要提倡'百家争鸣'?要反对教条主义,不要一家之言,应该'百家争鸣'。你们学习,要学会独立思考,要有自己的见解,不要迷信别人。不管谁说的,都要好好想一想,要有自己的看法。你们也可以成为一家嘛。不要怕,都可以提出问题。"

"不同意见的争论是永远存在的,就是到了共产主义也是存在的。比方工厂要改进生产,那就会有不同的意见,有赞成的,有反对的,就会有比较先进的,比较落后的。通过争论,问题得到解决,生产会前进一步。所以要争论,就要'百家争鸣'。"

他歇了一口气,问同学们:"要在这十三陵挖开一座陵墓,你们同意不同意?"

这件事同学们早听说了,都高兴地说:"同意!"

刘少奇说:"据说,郭老不同意,吴晗同志同意。其实并非郭老不同意,是他怕挖出来的文物珍宝没有科学方法保存,造成损失。吴晗同志主张挖,还因为他是研究明史的,这地下一定有许多明代的东西。既然你们历史系的师生也赞成,那就先挖开一个嘛。"

同学们立即欢呼雀跃起来。等他们安静了,刘少奇又关切地问:"你们将来毕业了干什么呢?"

"到研究所、高等学校和中学去工作。"

刘少奇充满期望地说:"你们还可以干我们这一行嘛。现在大学有政治系吗?(众答:没有。)历史系也应该有这个任务。"

他还在很有兴致地谈着,同学们也都静静地聆听着,但时间已不知不觉地过去,王光美同志提醒说:"时间不早了,同学们还要回去。"

刘少奇赶忙站起来,和大家握手话别,殷殷相告:"好好学,不了解历史是不行的。"

接 革 命 班

　　1957年秋天，我在北京实验中学高中毕业，没有考上学。当时思想非常苦闷。考不上学，怎么办呢？待在家里吧，不像话；去当小学教师或到国营农场工作吧，它与我从小想当机械工人的理想违背，想来想去，不知道如何是好。于是，就决定去找我满叔公（叔祖父）刘少奇委员长请他老人家帮我出主意，找出路。

　　一天下午，我去满叔公办公的地方，他不在，直到很晚才回来。我见到他，开始不知怎么说，只是低头坐在那里，拿着一本书搓揉着。满叔公接过我的书，翻了翻，就问我："你没考上大学，打算怎么办呢？"我低声回答："听你老人家的吩咐吧！"满叔公对我说："你是一个革命者的后代，应该到人家不想去的地方去，到最困难的地方去。你回家参加生产去。好不好？"我没有作声，只是哭丧着脸。接着，他又说："我们应该帮人民做些有益的事。外国人常见我们中国贫穷、落后，我们应当有志气，使祖国富强起来。我是你们的前辈，我们这一辈的人把反动派打垮了，以后建设社会主义、共产主义的责任，就落在你们这一辈人的肩上。现在，农村要建设社会主义，需要一批有文化的农民，你们这些有文化的年轻人，就应该回家去，把我们的农村建设好,让它也赶上和赛过资本主义国家。当祖国第一代有文化的农民,是光荣的事情,将来要记载在历史上的。"他讲完这些话后,已经是晚上 11 点多钟了。当晚,我住在满叔公家里,通夜没睡着……

第二天,满叔公又拿了一些关于劳动的书给我看,要我"看了又看,想了又想"。那时,我没有心思去看,想起自己的理想志愿不能实现,真是坐立不安。满叔公知道我在考虑个人前途问题,就过来跟我说:"一个人要有远大的理想,要有解放全人类的决心和毅力。遇到困难的时候,要冷静地考虑,什么是合乎集体利益,什么是合乎个人利益。当集体利益和个人利益发生矛盾的时候,个人利益要无条件地服从集体利益。因为有了集体利益才会有个人利益。今天农村既然需要有文化的人,你就应该服从祖国需要。农村的前途是美好的,但要克服许多困难,付出辛勤的劳动,才能得到。我们的国家社会有光明的前途,难道个人就没有前途吗?"说到这里,他见我有抵触情绪,就说:"不愿参加劳动,不爱听农村有美好前途,这是什么思想?你们平时不是说要去掉资产阶级思想吗?那么你的这种思想该不该去掉?"还说:"青年人,要遇难挺先,舍己救人,不要占小便宜。占小便宜的人,将来会吃大亏……"末了,他见我还没有想通,就对我说:"我跟人家讲话,人家都很相信我,都按照我的话积极热情地去做,做得很出色。现在,你要听话,不要将来走错了路的时候,又怪满叔公没有教育你哩!当然,回不回去,还是由你自己……你仔细去想想吧。"

我在满叔公那里住了三天,思想上展开了激烈的斗争。

想起毛主席和满叔公领导中国革命取得了胜利,他们指示全国人民做的事、走的路是没有错的。我是一个革命家庭的后代,满叔公经常教导我服从国家需要,为人民服务。今天就是我服从国家需要的时候。不听满叔公的话,将来真的走错了路,又有什么脸再见他老人家呢。于是我回到学校里,把满叔公的话对教导主任说了。教导主任露出满面笑容说:"你叔公指导着全国六亿人民走路的方向,指示你回家当第一代有文化的农民,那还有错的吗? 你一定要听你叔公的话,安心回农村去。"这样,我就决心回农村了。

我又来到满叔公的家里,告诉他老人家我愿回家去参加劳动。他问我思想是怎样斗争过来的,我把情况告诉他。但想到要离开教导我八年的满叔公,又怕回去后不知怎么办,就哭起来了。这时,满叔公就耐心地安慰我。他说:"你有知识,有文化,农民是欢迎你的。应该高兴地回去。回家后会有困难,劳动不习惯,还会有人讽刺和嘲笑你,都应该充分估计到,但也用不着害怕。只要自己有决心,有毅力,刻苦劳动,一切困难都是可以克服的!"他特别嘱咐我回农村后,要服从公社的领导,当一个好社员,还要和农民打成一片,他说:"农民喜欢的事,你应该喜欢;农民高兴的事,你应该高兴;农民看得惯的事,你应该看得惯;农民反对的事,你也应该反对。"他还提到,我回家后,也可能会有人姑息我,照顾我,因此他叫我三五年内不要当干部,要尽自己的力量去帮助别人,如帮不识字的人读家信,帮不会写算的人写算,同时,还要努力学习生产技术,提高自己。满叔公笑着说:"只要你受得苦,能发奋钻研农业技术,向老农学习,这样日久天长,群众关系搞好了,生产斗争知识也有了,群众自然会找你,拥护你,选你做更多的事。你有了先进的农业知识,创造了成功的经验,会把你的经验向全国推广。这样,你的伟大理想也实现了。如果你的经验推广到全世界学习,这就有助于解放全人类哩!"满叔公说到这里,我也笑了。

当我离开北京时,满叔公又再三叮咛我回家后好好劳动。他说:"过些年,你再到这里来时,你要有一双起了茧的手,黑黑的脸蛋,像个农民样子。再不要让人说:'刘维孔始终是一个读书人。'群众有这样的话,就是一件莫大的丑事,是不光彩的。"我牢牢地记住满叔公对我这么多宝贵的叮嘱,难舍地离开了他老人家。

火车到达长沙后,我即过河搭汽车到宁乡石桥。这里离我家还有 20 多华里。当时正遇到下雨,我没有雨鞋,又不识路,真想在旅社里住一天再走。但是,一想起满叔公谈过的话,就觉得考验自己的时候到了。于是,我鼓足勇气,脱下八年未脱过的鞋袜,冲破一路的寒风急雨,打着赤脚回到家里。一进门,大家都非常惊讶。长叔问我:"你回来干什么呀?"我神气十足地说:"搞生产,当中国第一代有文化的农民!"他不相信地说:"真的吗?没白扯吗?"我说:"不是真的,难道还是假的?"这时,旁边的人就议论了,有的说我是"打了气回来的皮球,胀鼓鼓的,过几天会消气的";有的说我是"蠢猪样,有二作不干,读了书出来做呆事——滚泥巴呢"。但我对这些已有充分的估计,没有丝毫动摇。

新生活的第一天开始了,我参加了点萝卜、放大肥。与我一齐劳动的姑娘对我说："孔姐，灰里有屎，你怕不怕臭？敢不敢抓？"我说："你们能做的事，我也能学会做。你们不怕臭，我怕臭么！"这天，我和她们一起快活地劳动了一天，被评了四分四厘工。我多么轻松愉快啊！过去靠人家供养过活，从今天起我可以自己养活自己了！

第二天，我给妈妈砍柴。我怕茅草和刺"划"手，就松松地抓住茅柴，一刀一刀地砍。结果砍得不齐，留的草脚很高，而且手还是被划开了无数条纵横的裂口。我用布包扎起来又砍。寄住在我家刚满10岁的孤儿胡大石，还故意要跟我比赛。我输了，他回去还告诉我妈妈："你看！孔姐那么大的人了，还砍我不赢……"第二天起床，我十个指头痛得合不拢来。我用布扎好，忍住疼痛，还是和大家去砍柴。这时，大石就告诉我砍柴的秘诀——"要不划破手，就得紧紧抓，脚要砍得矮，平刀靠地搭"等。我照他的话来砍，果然半天就胜过了他。从此，大石就不提竞赛了。

队上要种麦子。队长搞了一大堆砖，排工要社员锤砖头。这个活很吃力，大家又很忙都不肯干。于是，我一个人担负了这任务。当时我想：这么一大堆，又没有一个伴，怎么锤得完呢？但又想到满叔公的话："青年人要遇难挺先。"浑身的劲就来了。终于连续五天，把两百多块陈砖都锤完了。队长还说："锤得碎、质量高。"以后，队长很相信我，群众也表扬我。也有人说："维孔这时积极干，到明春活路紧了，日子长了，还不是搭车往北京跑！"我便对他们说："要是怕艰苦跑了，你们用绳子来捆就是了。"大家都笑了起来。

社里修水利,积肥料的运动开始了。我和社员们一道担塘泥,不会用巧劲,担的"猴子担",两手反背抓扁担,勾着头,抬着肩。社员们见到我就笑道:"高中生到底不同!一个人当三个人用!"我不懂是什么意思,问他们为什么笑?他们说:"你有三个脑壳啊!"又说:"你中间一个头,左右勾起肩膀两个头。加起来不就是三个脑壳吗?"于是,把工地上男女老少几十个社员笑得合不上嘴来。大家担塘泥也更有劲了。

听人说,推土车子很难。我想学会推土车子。有次我就推着一辆空车试试看,结果掌握不住,东倒西斜,把空车子推到水田里去了。老农钟述生就告诉我:"推车子不要走'小旦'路,要一步一步地走,两手掌稳,才不会倒。"我照他说的做,果然车子听使唤了。以后,我用车子运土砖。开始装四十块砖,上面砖块经常滑下来。我请教老农,原因是放得不好,不是"下朝天,上复地"。我改进装砖的方法,把上面一层反放着,就不再滑下来了。接着又拖茅柴,由于不懂得颠倒一反一顺地放,又捆得不紧,茅柴一边高,一边低,摇摇摆摆,后面拖了好长,像出牛栏粪一样。通过我多次的学习,就掌握灵活了。社员们见我学得快,都说:"实习生毕业了。"

经过几个月的劳动,现在我已经有一双和劳动人民相同的手了。社员们再也不讽刺和嘲笑我,而是关心和帮助我了。他们常到我家里来,问我的生活情况。这时,我对农村也开始产生了感情。一天,我到县里参加农业积极分子会议。社员胡汉坤看见我都用萝卜丝拌饭吃,就开玩笑地说："孔姐真苦呀！从北京回来要吃萝卜饭。真作孽。"我高兴地唱道："银丝（萝卜丝）拌饭喷喷香，吃完以后跑宁乡，七十华里不算长，下午四时要到堂。"唱到这里，我回忆起满叔公的话："农村里前途是美好的。但是要克服许多困难，付出辛勤的劳动才能得到。"就越觉得萝卜丝饭的甜美和芳香，越觉得满叔公的话没有错。

感谢辛勤教导过我的满叔公，在我劳动的日子里，他老人家的话是鼓舞我前进和克服困难的力量。我一定不辜负满叔公对我的教导和期望：刻苦劳动、努力学习，把自己锻炼成为接替前一辈革命事业的可靠的接班人。

（刘维孔，原载《中国青年》1958年第3期）

初 访 太 原

  1958 年 2 月 28 日傍晚,刘少奇同志参观了太原重型机器厂。这个厂的党委李书记和郭厂长等他来到木模车间的时候,徒工杨凤鸣等几人正在那里赶任务。少奇同志走过来,站在小杨的工作台前,慈祥地问:"你是师傅,还是徒弟?"

  "我是徒弟!"杨凤鸣看见了少奇同志,又高兴又激动地回答。

  少奇同志笑了笑,从工作台上摸起一个模型来问她:"这是什么活?""是泥型盒。"

  少奇同志又问:"做什么用的?"

  "做泥型用的!"

  "你干了多长时间了?"

  "一年多"小杨说到这里,觉得自己说得还不够确切,又补充说,"我是 1956 年 12 月离开业余中学到这里来学徒的!"

  "你能单独干活吗?"

  "有些复杂的活自己还干不了!"

  少奇同志带着笑和蔼地说:"那么,你说学徒时间长点好,还是短点好?"

"当然时间长一点好！"

"那是为什么？"

"做简单活都还要问师傅哩！"小杨拿自己做例子说，"就像我吧，'泥型头'定位，本来想出办法来了，就是不敢肯定是不是这样做，这点最起码的活离开师傅都不能做，再复杂点那怎么办？"

少奇同志高兴地笑了，一面点头表示同意，一面又说："从你的体验中说明，学习期短了不行，需要多学几年！"说着，少奇同志望一望周围，又问："谁是你的师傅？"

杨凤鸣很快地扫了大伙儿一眼，不知是紧张，还是没有听懂少奇同志的话，用手指着李其祥这个青年师傅就说："老师傅在那里！"

少奇同志转过身问李师傅："你是几级？"

李其祥马上站得端端正正地说："五级！"

"你能做这个活吗？"少奇同志指着二级汽缸模型说。

"我还不能做！"李其祥面带窘色地说。

"为什么？"少奇同志笑着问。

"这……"李其祥考虑了一下说，"这种活比较复杂，必须跟着老师傅才能干！"

少奇同志语重心长地对小杨说："你在他跟前，他是师傅；可是他自己也还要向别的老师傅学习！"说着少奇同志又问小杨："这活你能做吗？"

"我做不了！"小杨说了，又觉得怪泄气，赶快补充说："我将来能做！"

"对啦! 你多学几年,将来会能做的!"少奇同志热情地鼓励她。

少奇同志参观了木模车间后,接着来到修理车间。

车间李主任是个瘦长个子,头发都花白了,少奇同志关心地问他:

"你们工作忙不忙?"

"有时忙,有时闲,工作不平衡!"李主任回答说。

"技术力量怎么样?"

"一般来说比较低。"

"工人的技术等级不高,工人也不够用!"郭厂长在旁边插上一句。

"技术条件应当想办法提高!"少奇同志指示说。接着他就问站在身旁的一个青年工人:"你多大了?"

小伙子说:"二十五岁!"

"你学的什么工种?"

"铆焊工!"

"别的技术还会吗?"

"不会了!"这个年轻人有点惭愧地回答。

少奇同志亲切地说:"那可不行啊! 一个技术工人要学会许多种技术,到这个工种能干,到那个工种也能干,要不然,你学的这个工种没活干了,你做什么呀?"

最后,少奇同志还拿自己亲身的经历来教育这些青年工人:"我在勤工俭学的时候就学会了好几种技术,像车、钳、刨、铣……我都会。"

少奇同志是很重视"多面手"问题的。郭厂长在汇报工作时,少奇同志就一再叮嘱:必须培养"多面手"。他说:"现在,有很多人只会干一两样活,工作需要的他不会干,他会干的工作又不需要,那怎么办?因此,在目前就应当强调服从工作需要,有啥做啥、只要工作需要,你不会的或不是你所专长的,也必须去学、去做。毛主席说:'我们熟悉的东西用不上了,而我们不熟悉的事情却又要强迫我们去做',就是这个意思。"

少奇同志的话,深深印在工人们的心里。他们后来掀起一个向"多面手"进军的学习高潮。

少奇同志最后来到煤气站。煤气站的李常有主任,是少奇同志过去的警卫班长。他听说少奇同志来参观了,早就在煤气站门口等着欢迎了!他恭恭敬敬地向少奇同志行了个军礼,少奇同志还了礼,亲热地握住他的手问:"你在这里做什么工作?"

"车间主任!"郭厂长在旁边代李常有回答。

"你钻得怎么样?"少奇同志关心地问。"钻得还不错!"党委李书记见李常有光笑,也代表他作了回答。

少奇同志见了老部下,一来是高兴,二来听说他钻得还不坏,接着就问起李常有一些技术上的问题来了。李常有对答如流,少奇同志很高兴,说:

"你钻得是不错。不过,你是工人出身,又回到了你的老家——工厂,更应该好好地钻一钻技术!"

李常有也为自己交了这个满意的答卷,高兴得咧开嘴笑。

临走时,少奇同志握住李常有的手,亲切地鼓励他说:

"除了勤勤恳恳地钻研业务外,还要与技术人员和工人搞好团结,把工作做得更好!"

李常有点点头,幸福地笑着,送走了少奇同志。

（锶元,原载《中国工人》1958 年第 10 期）

指 明 方 向

　　走进川西平原的心腹地带——郫县,一幅幅动人景象便呈现在眼前:人们一面忙于当前生产,一面为机耕成块、作物连片积极规划着水利和整理着土地。听,田野里已响起了拖拉机的轰鸣声,拖拉机手多么幸福、自豪,他们第一次开动着自己社里的机器,翻耕着自己社里的土地。全县的集体农民正在努力做到人人有文化,个个懂技术,乡乡都办起了中学,社社办起了小学,从黎明到深夜,读书声随处可闻。一些初具文化的男女青年社员,背着行李,迈着轻快的步伐,到国营拖拉机站来学习。这一切,怎能不使你激动、兴奋!

　　一个多月前,你如果来到郫县,也许还看不到这般景象。就在这短短一个月当中,在这快马加鞭的时刻,千万颗心呵,谁不以万分感激的心情,怀念着我们敬爱的刘少奇同志。

　　平原的3月,景色别致:盛开的菜花一片金黄,茁壮的小麦一片油绿。一天下午,少奇同志来到了郫县国营拖拉机站。少奇同志没有休息,便走进了竹篱围着的机器库。这里,一排排没有墙壁的房屋下,摆满着铧犁、拖拉机、收割机、播种机……

少奇同志边走边看,指着一台罗马尼亚 KD35 拖拉机很感兴趣地问:"这是多少马力的?"

站长赵京一回答:"是三十五马力的。"

"能下水田吗?"

"能下水田。"

少奇同志仔细地观察着这台机器,又问:"就这样下水田吗?"

"不,把胶轮改换上铁轮,就能下水田。"

赵京一陪着少奇同志,走进另一个机具房,详细观看了拖拉机下水田的带三角齿的齿轮。少奇同志满意地说:"很好。"

对于拖拉机能不能下水田的问题,少奇同志询问得这样详细,兴趣是这样的浓厚。是的,就以四川为例,水田占总耕地面积的一半还多,而现在的拖拉机,一般只能翻耕干田、旱地,如果拖拉机能够下水田,这对于促进农业增产,将起多么大的作用啊!

少奇同志对于如何为机械化培养训练技术人材的问题,也十分关怀。在机器库参观各种机器的时候,少奇同志看到两个青年工人在一个三轮小汽车前忙着洗刷齿轮,便走近他们身边,亲切地笑着问:"你们会修理吗?"这两个青年人看到是少奇同志,很兴奋地回答:"会修理!"少奇同志马上转向站长:"他们是从哪里来的?"站长回答:"他们都是农业社选送来的社员。"

少奇同志对于这两个几年前还是一字不识、在自己的小块土地上用旧式犁耙耕种的青年人,在党的关怀培养下的飞跃进步,感到很高兴,并立即对站长说:"很好,你们要多培养一些人材。"

拖拉机站在培养农业机械人材上曾作了很大努力。几年来已培养出拖拉机手、农具手、技术员等共一百三十多名。现在,听着少奇同志的赞扬和指示,站上的负责同志立刻感到这方面的工作做得还很不够。就在这一刹那,他们已经下定决心,向党保证,今年在帮助各农业社培养农业机具人材方面,一定来个大跃进!

少奇同志参观了机器库,信步走到农场的田间。阵阵和风吹起了麦田的绿波,飞舞在菜花上的蜜蜂在孜孜采蜜,真是一片好庄稼。

少奇同志问:"农场去年打了多少粮食?"

"平均亩产一千二百斤。"

"比农业社高一些吗?"

陪同前来参观的郫县县委第一书记刘致台回答说:"每亩比农业社高一百多斤。"

少奇同志接着问:"为什么能够比农民高?"

"拖拉机能深耕,播种机播种要密……"是的,事实的对比,鲜明的对照,谁能不赞美机械化、向往机械化呢?

在这一马平川的川西平原上,堰渠密如蛛网,水利灌溉十分便利,这儿具备着实现机械化的优越条件。但是,现在这里的田地,许多都是小块的,作物也不连片。本来,田块大,机器才能提高使用效率。作物连片,也可多增产粮食,为什么农业社不积极并小田为大田呢?

少奇同志看到这一情景,便问:"你们拖拉机站的代耕收费标准是怎样的?"

赵京一回答:"以亩计算,一个标准,不分小田、大田。"

农业社不积极并小田为大田,正与这一问题有关系。他们反映:一个收费标准,大田并不相宜(便宜),谁愿多花工搞大田呢?

少奇同志了解到这一情况,便向县委、拖拉机站的负责同志指示说:"这个问题应该让农民讨论讨论,大田耕得又快、又多、又好,作物成片才能多打粮食。在收费标准上应该分成几等,大田可以少收费,这样就能指导农民多搞一些大田。"谈到这里,少奇同志对拖拉机站的办站形式指示说:"我们要农业社自己买拖拉机。"

县委和拖拉机站对于这些问题立即作了研究,深深体会到这是农业机械化中两个带有方向性的问题,并且立即采取措施加以贯彻。现在,代耕费用标准已经作了调整,七台拖拉机已经分别卖给五个农业社;其他许多农业社也都保证,搞好今年的大跃进,多留公积金,明年也买拖拉机。

少奇同志关心着平原的机械化,也关心着丘陵和山区。少奇同志参观了站上的小型水电站后,在一个晒坝场上,又谈到丘陵和山区机械化的问题。少奇同志对着站在他身边、穿着满身油腻工作服的副站长尹准说:"你是搞机器的,是机械师吗?"接着便对着大家说:"你们要做些研究,看来这个地方适用的机器不一定适用于丘陵、山区。我们应该制造一种小一点的,它工作一天的耗油量,只当一条耕牛一天耕作的成本。"少奇同志又用手比划着说:"这种小机器,要叫它在路上能跑,能驮几百斤重的东西;后边挂上铧犁,能深耕,山区、丘陵区都可以去;如果再装一个轮子,让它像独轮车一样,能走小路就更好。开机器的人,不一定要坐在上面;机体不要太重,要一个人能把它拖得走。"谈到这里,大家顿时感到自己的责任更加重大了。

少奇同志走了。不,少奇同志没有走。少奇同志的亲切面容和对于拖拉机站工作的宝贵指示,深深地印在人们温暖的心底,人们产生了巨大的力量,正如千军万马一般,势如破竹地向前大步跃进。

成 都 之 行

1958年3月28日，刘少奇同志到成都东郊新兴工业区访问了成都量具刃具厂和西南无线电器材厂。

这天下午一点二十分，少奇同志来到了量具刃具厂。少奇同志走进了草房办公室，刚刚坐下，便让厂里介绍情况。检查科长乐树沿同志拿来了一套产品的样品，向少奇同志一一作了说明。少奇同志听了以后，便亲切地问起厂里的情况。先问了生产多久能达到设计能力，又问了工人是从哪里来的。

厂长杨亭秀答道："今年就可以达到设计能力。工人有一部分是哈尔滨来的，大部分是当地招收的学工。"

少奇同志关怀地问起了学工的情况："他们生产已经熟练了吗？"

杨亭秀答道："学工铣只管铣，磨只管磨，有三四个月就能上床子，和老师傅倒班了。"

少奇同志关切地说："那么，学专序活就要不到两年，在两年中要让他们多学几种技术，一辈子才好做事。"

杨亭秀一时还没有领会到少奇同志的指示。少奇同志接着说："要多打点主意。业余时间也可以学嘛！找个地方，多准备几台床子，找一个师傅教他们。其实，也可以你教我,我教你,多练习一下就可以上床子了。既然是两年,就一定让他们多学一点,多学几门的好!"

少奇同志把话题又转到办公室这座草房子上。这座草房的墙壁上刷着雪白的石灰,开着大大的窗子,光线明亮,宽敞舒适,少奇同志环顾了一下,风趣地问道:"这是临时办公室?"

杨亭秀说:"是永久的了!"

少奇同志称赞地说:"这种办公室好,这种办法完全对! 住在高楼大厦里,人家还说你官气;在这苦战几年的时候,这种房子完全可以住。我们打了几十年的游击。打游击的时候,哪有这样好的房子住!"少奇同志笑了笑,又接着说道:"用这种房子办公,工作并不见得次一些。"

李大章同志也笑着说:"使用价值是一样的。"

少奇同志又问到了产品质量的情况。少奇同志的每句话,杨亭秀、刘迎福(党委副书记)都用心记住了。

时间过去半个多小时了,少奇同志说:"我们是不是去看看车间?"大家站起来,随着少奇同志向门外走去。

少奇同志先到了刃具厂房。一走进车间,四面便响起了热烈的掌声。少奇同志到厂的喜讯,工人们奔走传告,顿时传遍了全厂。在工人们热烈的掌声里,在工人们激动的眼光里,表达出对刘少奇同志的无限热爱。少奇同志微笑着连连向大家挥手致意。走到板牙检查站,少奇同志停下脚步,问道:"这是在验收吗?"杨亭秀说:"这是最后的一道检查。"少奇同志还很有兴趣地观看了新型的四轴自动车床的操作。

少奇同志看了刃具和工具厂房以后,又走向对面的量具厂房。少奇同志连上三层楼走到量具车间,气都不喘一口,大家高兴地暗暗赞叹:"少奇同志的身体真好啊!"少奇同志缓步走向千分尺加工工段,拿起了一个银白色带着黑把的小巧玲珑的千分尺,问了句:"这是测量厚薄用的?"便把一小片纸夹在中间,拧转表把量了量纸的厚度,工人毛贵宝又递过来一根头发,少奇同志又量了量头发,看清尺上的小字,向大家说,"七丝五!"少奇同志出来,又仔细地看了千分尺和工人们的操作情况。

少奇同志一直看完了量规车间,才在群众欢呼声中离开了刃具厂。汽车顺着府青路又走进了西南无线电器材厂。

"少奇同志来了!"

"少奇同志来了!"

一霎时,喜讯就飞遍了西南无线电器材厂的各个角落。正在生产的工人,都加倍努力生产,要以优异的成绩迎接少奇同志。正在休息着的夜班工人都齐集在通向厂部会议室的大道上,以春雷般的掌声迎接敬爱的领袖。这是3月28日下午四点钟……

在走向会议室的时候,成千上万张用竹夹合夹成本的大字报,吸引了少奇同志。这也是个新创举。当全厂双反大字报激增到三万多张时,贴的地方不足,职工们就改"贴"为"挂",把大字报合夹成本,天晴时挂出来,下雨时收进屋,既省事,又保全了大字报。少奇同志赞许地对厂长夏明文同志说:"你们采用了这样的形式好啊!"

刚在会议室坐下来,少奇同志就请夏明文同志介绍生产情况。那种谦逊和蔼的态度,使激动的夏明文更加激动。从什么地方谈起呢?还是拣最能说明问题的事汇报吧。

"我们厂是苏联帮助建设的",夏明文开始汇报说,"目前,设计以内的产品有五十大类,一万五千多种规格。为了满足国家需要,跃进声中,我们又根据设备情况,增加试制四十四类设计以外的产品,估计有几万种规格。"

少奇同志点了点头,接着问道:"这些产品都用在什么地方呢?"

夏明文回答说:"各种无线电的整机、电子计算机、收发报机……都靠我们的产品装配。我们厂生产的电阻、电容器,都是无线电工业的基础。"少奇同志又问道:"什么叫电阻?什么叫电容器?"夏明文熟练地作了说明:"电阻是调节电流的;电容器能阻隔直流电流。"

少奇同志欣然笑着说:"啊,它们的作用,大概就像拦河坝的水闸一样了。"

到此,夏明文把汇报转到厂里利用代用品的情况。他告诉少奇同志说,厂里的原材料,有半数需要国外供应,现在职工们奋发图强,提出了力争今年国内供应95%的口号。

少奇同志马上关切地问道:"有办法没有?"

夏明文满有把握地说:"有。"

少奇同志高兴地点了点头。在不知不觉中,时间已经过去十几分钟。

少奇同志在夏明文厂长的陪同下,在一个多钟头的时间,参观了八个车间。他一刻不停地走着,问着,从生产原理、产品用途到工人的生产情况,无一不在关怀的范围之内。

处处洋溢着学先进、赶先进的革命干劲,处处是提高技术、改进技术的热潮,许多操作台上插着突破定额的红旗,不少生产小组挂起了"满堂红"的锦标。这一切,都引起少奇同志的极大兴趣。

在五车间,苏联专家组长卡西可夫迎着少奇同志,两人热烈握手。少奇同志详细询问了卡西可夫同志的生活情况。当少奇同志步入六车间时,又遇到另一个叫卡卡林的专家。少奇同志用俄文对卡卡林同志说:

"你好!"

卡卡林同志满怀敬意地回答道:"能够看到你,我很荣幸。"

卡卡林同志一说完,就跑去向女专家巴立巴立柯娃报喜。巴立巴立柯娃专家一听就说:"很后悔,为什么我没有同他握一下手!"

卡卡林专家兴奋地安慰她说:"不要紧,少奇同志刚握过我的手,让我同你握一下好了。"话还未完,他们就紧紧地握起手来。两人一齐笑了,周围的人也分享着他俩的快乐,笑了。

在十一车间,少奇同志停步注视正在修理电容器的学工刘学志。这个年仅二十一岁的小伙子,出身于贫农的家庭,是党送他进无线电工业学校,是党培养了他。此刻,当少奇同志站在他身旁时,他的心跳得多么厉害啊!他想站起来和敬爱的人握手,但由于过分激动,他觉得手在颤抖了。过了一会儿，还是少奇同志先问他：

"你磨的是什么？做什么用？"

刘学志掩藏不住内心的喜悦，他回答说："我的是电容器，因为这边上不允许有银，有了，就要把它去掉。不然，在高压试验的时候，就要被击穿。"少奇同志听出刘学志的口音，和蔼地问道："是广东人吗？"

刘学志心里热乎乎地答道："是的。"

少奇同志又问："你来到这边生活过得好不好？"

刘学志亲热地回答道："挺好！"

这时，少奇同志掉过头来问夏明文厂长："你们在广东招收了多少工人同志？"

夏明文同志说："招收了三百多人。"

少奇同志点头微笑，好像在说：这些广东小伙子干得挺不错啊！

刘学志和全车间工人目送少奇同志走出车间大门。从这里，少奇同志登上了汽车，等候在两旁的数以千计的工人、干部和来厂参加劳动的学生都长时间地鼓掌，直到少奇同志的汽车消逝在厂外的公路上。

这时，已经是下午五点二十分了，少奇同志还要赶到成都市劳动人民文化宫与全市先进生产者会见，与先进生产者们合影留念。

（曹国玺、赵世富，原载《四川日报》1958 年 4 月 11 日）

羊 城 参 观

　　刘少奇、邓小平、陆定一、邓子恢等同志，4月下旬先后参观了正在广州举行的广东省农具改革展览会。他们参观完后，对人民群众的创造精神评价很高，刘少奇同志还对农具改革工作提出了很重要的意见。1958年4月下旬，广州的天气有北方的夏天那么热，展览会里人又多，中央负责同志像普通观众一样，挤在参观者的行列里，兴致勃勃地看了大部分的革新后的各种农具。

　　新会等县农民群众发明的十几种式样的插秧船，引起了中央负责同志的特别注意，我国农民整天弯着腰插秧十分辛苦，但是千百年来无人改革、无人解决，今年春天，新会县的农民发明了插秧船，用土办法把这个问题解决了。他们用几块小木头板，做成小船，人坐在上边插秧；另一端放秧苗，小船上顶头，扯上一块布，晴日可以遮太阳，雨天可以挡雨。邓小平等同志看过表演后，笑着连声说好。少奇同志说，土办法解决大问题，南方十省以后都可以推广。

　　中央负责同志都特别仔细地参观了手推车。刘少奇同志在纯木制手推车旁，蹲下去抚摸观察有十分钟之久。他又细细地询问和观察了另一辆钢架钢轴胶轮的现代化手推车。他把木制铁制两种手推车的优缺点做了比较。他说，木制手推车的优点是价钱便宜,缺点是木头磨木头,效率不够高;铁制手推车的优点是有胶轮有轴承效率高,缺点就是价钱大。他对省里的负责同志说,我们可以去两头取中间,保留两种手推车的优点?去掉两种手推车的缺点,以木制手推车为基础,木轮外边包胶皮,木轴上安轴承。他再三强调轴承的重要,希望广东省办轴承工厂,大量生产轴承。他说,这么做,花钱不多,效率可以提高很多。

中央负责同志对湛江市机械生产合作社改制的那部轻便双轮双铧犁,给予了很好的评价。这部改制后的双轮双铧犁,用大量木料代替铁料,重量由原来的一百四十公斤减到四十五公斤,用一头牛就能拉得起,功效和原来的双轮双铧犁相当。邓子恢同志说,这部犁比纯铁制的先进,各地都可以学习,但是还可改进,争取做到除了铧犁和螺丝钉是铁制的以外,其余的都用木料代替。

广东省各地自制成功的五种手扶拖拉机、无熟料水泥、四行耙田器,都引起了中央负责同志的注意。邓小平同志特别对谷物干燥机感兴趣,他询问了谷物干燥量和造价后说,我国谷物储藏是个大问题,有了这种机器,问题便解决了。刘少奇同志还仔细地参观了小型水力发电机的表演和灵山县的万能工厂、新会县的拦河渔网等模型。

结束参观的时候,刘少奇同志对陪同他参观的广东省负责同志说:"农具改革运动,改得很快,改得很好,这样的技术革新运动,像一部车子,已经开动了,永远不会停止,一天不停,一万年不停。"他说:"我国的技术革命已经开始,但是,它刚在开始,以后新东西会不断出现,而这些全靠群众的创造性,靠大家开动脑筋,想出办法。"

谈到改良农具的评比、推广工作时,刘少奇同志说:"这么多样子,要比较一下,找出最好的推广。比较的时候,除了和工人、农民外,还要把搞机械制造的工程师请来,和他们来共同研究,帮助鉴定一下,想想办法。"少奇同志认为,农具改革展览会是个教育群众的好办法,各地都可以开这样的展览会。

中央负责同志离开展览会时,和大会工作人员一一握手,感谢他们。刘少奇同志快离开展览会的时候,群众向他欢呼、鼓掌,少奇同志也笑着频频向大家招手。

(原载《南方日报》1958 年 5 月 4 日)

少奇请客

1959 年 2 月 13 日下午，一个地地道道的庄稼汉，从定县登上开往首都北京的火车。这个铁塔般的汉子，就是刘少奇请的客人——河北省定县韩家洼公社社长马保山。马保山怎么成了刘少奇请的客人？这还得从头说起。

那是 1958 年 9 月，韩家洼的庄稼长得很好，上场的玉米堆成了金山，破桃的棉花汇成了银海。这月 12 日大晌午，有五六辆小汽车，一字儿开进韩家洼。车队停下来，头一辆银灰色的小卧车开了门，走出一位头发花白、身材高大、上穿白布衫、下着灰衣裤、脚蹬黑布鞋的人，这位不是别人，正是刘少奇委员长。

刘少奇走进公社会议室，听罢汇报，就把马保山让到自己那辆卧车上，到村里村外视察。这天，晴空万里，天气炎热，刘少奇脱下长袖衫，搭在胳膊上，一一察看了幼儿园、发电厂、山药地，最后又走进了修配厂。在这儿，他参观了公社能工巧匠创制的深耕犁、密植耧、脱粒机、土车床，对公社机械化的萌芽给予了热情的鼓励："农业的出路在于机械化。你们搞的这些发明创造，很好。希望你们能沿着这条路走下去，取得更大的成就。"

哗……哗……哗，在热烈的掌声、欢呼声中，刘少奇视察完毕,离开了韩家洼,但他的心却一直关怀着这里的人民。临走时,他特地对马保山说:"你要带领全社人民继续努力,待机械化有了新进展你可要好好地向我汇报汇报哟!"马保山激动万分,紧握着刘少奇的手,连声说:"没问题,您就等着好消息吧,到时我一定去!"刘少奇走后,马保山和公社上上下下,就猛搞农业机械化,到第二年2月,电气化、水利化都有了新套套。并定准13号这一天,马保山进京汇报。

此时,马保山坐在车厢里,随着火车的轰隆声,心里也直扑腾。心想,过中南海看刘委员长,进得去吗?没什么好带的,只有挑的这几块大山药,他老人家能喜欢吗?

没想到,刚到北京一天多,马保山就被刘少奇的专车接进了中南海。到了刘少奇的住处,刘少奇从里屋迎出来,笑微微地说:"马保山同志,你送来的山药,我们已经尝到了,味很鲜美。"说着,拉着马保山,紧挨着坐在同一条沙发上。接着问马保山家里有几口人,又问社员吃食堂有没有意见,还问到粮食的产量。最后,问起公社机械化的情况,这个问题问得时间最长、最仔细。当马保山汇报眼下搞电力,兴水利,万事齐备,只缺电动机和电线时,刘少奇拍着他的肩膀说:"马保山同志,我给你出个主意,可以去找县委解决。"

"俺找过县委,县委没有物资。"

"那你再找地委呀!"

"地委俺也去过了,也没法解决。"马保山一脸无可奈何的神情,急急地说。

刘少奇哈哈一笑说:"那只好去找省委了。"

"省委俺进不去。"

刘少奇摇摇头,有些不大相信地说:"怎么会进不去?上下都是为着粮食嘛。"

"那您给俺开个找省委的条子吧。"此时的马保山真是机灵极了,麻利地从兜里掏出个小日记本,翻出一页空白,递到刘少奇面前。

这时,王光美在一边插话说:"少奇同志从来不给下边开条子。"

可马保山像是缠磨的孩子,说道:"就这次,你就给俺开了吧,韩家洼一万多亩地急着用水哩。"

刘少奇见他办电用水,如此心切,破例在马保山的小日记本上,写了这样一封短信:

林铁同志:

　　韩家洼公社马保山同志来说,他们有个大发电机,又有抽水机,只缺电动机和电线,如果这两样有了,他们的全部土地就可灌溉。请您酌情办理。

刘少奇
五九年二月十五日

马保山去河北省委,终于使此事得到了合理解决。回到公社,大家齐心合力干起来,不久,他们在农业机械化方面迈出了一大步。乡亲们高兴地唱起来:

庄稼汉子进京，
中南海内探亲，
领袖和咱心连心，
帮俺规划新农村。

同 看 电 视

"电视机?"有的人可能会说:"这有什么新鲜的? 我们家就有,是彩色的,还带遥控呢!"

对,现在我们国家的电视事业已经具有相当规模,电视机也相当普及,不是什么稀罕物了。可是,这里要说的是发生在 30 多年前的事情。那时,电视机还刚刚在我们国家出现,别说现在的彩色电视机,就连黑白的,也还是一种很新鲜、很少见的高级娱乐品,能看到它的人还不多呢。

那是在 1958 年,一天晚上,少奇同志从外面回到家里,一走进庭院,就感觉到家里充满了兴奋的情绪,孩子们就像一群小鸟在叽叽喳喳地说着什么。他走进客厅一看,噢,原来是孩子们正围坐在一台崭新的国产电视机旁看电视节目,还不时地说着什么。

他走过去,站在边上,和孩子们一起看了一会儿,问道:"电视机是哪儿来的?"

"是×单位送的。"几个大一点的孩子答道。

少奇同志听到这回答,皱了皱眉头,没说什么,就又办公去了。

孩子们都在高高兴兴地看电视,谁也没有注意这一切。

从这以后,每天晚上,孩子们都要围坐在电视机旁看节目。

可是没过两天，少奇同志让工作人员把孩子们都找来，说有事情要和他们谈。几个孩子来到少奇同志跟前，见他正在低头办公，便轻轻地叫了声："爸爸。"少奇同志抬起头说："你们都来了，坐下吧，咱们一起商量个事。"

"什么事还要同我们商量？"几个孩子互相看了看，继续听少奇同志说下去。

"电视机是公家送来的，我们不应当据为私有。再说，我们周围有很多工作人员、警卫战士，我们应当让大家都有机会看到电视节目，你们说，对不对？"

"对！"孩子们异口同声地答道。

"那你们看，电视机应当放在哪儿？"

孩子们想了想说："食堂！应当放到食堂。那里去的人最多。"

听到孩子们的回答，少奇同志欣慰地笑了。

说搬就搬，孩子们和工作人员一起把电视机搬到了食堂。从此，少奇同志的孩子们和工作人员、警卫战士一起共享着看电视的乐趣。

人 无 贵 贱

1959年10月,欣逢中华人民共和国成立十周年,全国首届群英会在首都北京召开。

10月26日下午,北京秋高气爽,风和日丽,红墙金顶的天安门城楼在蓝天白云和阳光下,格外雄伟壮观。天安门广场边上的人民大会堂里灯火辉煌、欢声笑语,充满了欢快、热烈的气氛,全国群英大会的预备会就要在这里举行。

全国劳动模范时传祥同志作为大会主席团成员之一,被工作人员引导到主席台上就座。时传祥是北京市崇文区的一名掏粪工人,从事这项工作已经整整30年了。

有的同学可能会问,什么是掏粪? 现在清理粪便都是用带吸管的运输车,把粪便吸到运输车上的椭圆形罐子里运走,没有人用什么东西来掏呀。原来,50年代以前,清除粪便要靠清洁工人用大粪勺子把粪便从便池里舀出来,装进背桶里,再背送到粪车上运走,全靠掏粪工人的一双手和体力。

在旧社会,掏粪被认为是最低贱的工作了,掏粪工人不仅饱受粪霸的剥削压迫,并且为许多人所歧视,尤其是阔人老爷和公子小姐们见了他们都要捂着鼻子,躲得远远的。有一次,时传祥在一个阔老爷家掏粪,干完活又渴又累,想喝点水。一个仆人刚要拿起勺子给他舀点水喝，被那个阔老爷看见了，厉声喝住仆人："别给他，弄脏了咱们的勺子，给他那个碗用。"时传祥往阔老爷手指的地上看，原来是个喂猫的破碗，他气得一转身就走了。那时，在掏粪工人中还流传着一段顺口溜："吃马路，睡马路，铺着地，盖着天，脑袋枕着半块砖。"他们的悲惨生活由此可见一斑。是共产党领导劳动人民翻了身，过上了好日子，时传祥和许许多多掏粪工人同千千万万从地主资本家压迫下解放出来的劳动人民一样，过上了当家作主、幸福安定的生活。他把对共产党和毛主席的深厚感情化作力量，积极努力地工作，作出了优异成绩，被评为全国劳动模范。

这时，时传祥在主席台上，抬眼望去，只见大会堂顶上的盏盏明灯犹如群星灿灿，齐放光芒，他的心情就像这明灯、这群星，闪闪烁烁，激动万分。他想，在万恶的旧社会，我们掏粪工人被压迫在社会的最底层，没人看得起。如今，解放了，我们也当家做主人了，昂首挺胸地走进人民大会堂，走上主席台，这个巨大的变化是共产党和毛主席给我们带来的啊！

正当时传祥感慨万千的时候，忽然，他耳边响起了掌声，他随大家的目光向主席台右侧望去。啊！党和国家领导人刘少奇主席、朱德委员长、周恩来总理和邓小平总书记等走上台来，接见参加全国群英会的代表。他们微笑着向会场上的代表们招手，并走上前来和主席台上的代表们握手交谈。时传祥的心兴奋得要蹦出来了。这时，少奇同志走到了时传祥的跟前，他用亲切的目光看着时传祥，一面伸出手,一面像老朋友似的说:"你是老时吧?"时传祥激动地不知说什么好,连忙点头,并紧紧握住了少奇同志的手。

少奇同志关切地问:"老时啊,这几年生活过得怎么样?清洁队的工人同志工作累不累?"

时传祥还有点拘谨,说:"我们现在的生活过得挺好,大家的干劲可足了。过去我们是用轱辘粪车一车车推,平均每人一天才背8桶粪。现在改成汽车运粪,工作效率提高了,平均每人一天背93桶半。可是大家并不满足这些成绩,还要为社会主义多出几把力呢!"

听到这番话,少奇同志高兴地笑了起来,他称赞说:"大家的干劲真够十足啦!可是还得加把劲,把全市的清除粪便工人都带动起来。"接着,少奇同志拉时传祥的手,又问道:"老时,过去掏粪工人识字的很少,你们现在学习了没有?学得怎么样?"时传祥见少奇同志这样和蔼可亲、平易近人就像在同自己家里人、自己的长辈在谈心一样,拘束感顿时消失了。他向少奇同志详细汇报了伙伴们的学习情况,并说:"大家进业余学校学习后,不少人都达到了高小程度,能看报、写信,就是我差点儿,现在才认识二三百字,连自己的名字都写不好。"

少奇同志听到这里,就既是批评又是鼓励地说:"老时啊!一个先进生产者,一个共产党员,光工作好不行,各方面都得好。我们的事业越来越发展,没有文化哪行?我都这么大年纪啦,现在还学习呢,你才45岁,时间还不晚。"说着,少奇同志拿出一支"英雄"牌金笔,送给时传祥,说:"以后好好学习,阳历年的时候给我写封信,好不好?"

时传祥连忙点点头。他手里拿着这支钢笔，耳听着少奇同志的亲切谈话、谆谆教导，心里又激动，又惭愧，他想起旧社会掏粪工人受压迫的一幕幕悲惨遭遇，再看看今天，国家主席和普通工人在一起谈心，鼓励我们好好学习，努力工作，不觉眼眶发湿，泪水不住顺眼角流了出来。他想，我定记住少奇同志的话，下决心好好学习，在阳历年的时候给刘主席去封信，向他问好。

接见快结束时，少奇同志又推心置腹地对时传祥说："我们在党的领导下，都要好好地为人民服务，你掏大粪是人民勤务员，我当国家主席也是人民勤务员，这只是革命分工不同，都是革命事业中不可缺少的一部分。"说完，他站起来，又紧紧地握住时传祥的手，勉励他回去以后，要更好地为党工作，不要骄傲自满，和大家团结一致，把首都建设得更加美好！

时传祥热泪盈眶地望着少奇同志，心里默默地说：刘主席，请您放心吧！您的话我都牢牢地记在心里了。

少奇同志同时传祥握手和他关于"掏大粪是人民勤务员，当国家主席也是人民勤务员"的话语，在广大人民群众中传为美谈。一时，一种以劳动尤其是义务劳动为荣的风气成为社会的时尚。直到后来，清洁队的老师傅们提起当时的情形，心里还热乎乎的，大家都说："长期被人看不起的掏粪工人的社会地位可提高了，上下一心，亲亲热热，不分高低贵贱，这是少奇同志带起的风气呀！"

一 块 蛋 糕

　　过生日吃蛋糕，这在我们现在的许多人看来，尤其是许多小朋友们看来是一件十分普通和理所当然的事情。可是，如果你知道少奇同志和一块生日蛋糕的故事，就会感到过生日吃蛋糕，有时也同原则性有关系。

　　那是在1959年11月的下旬，这天下午，在海南岛一个招待所的一间客房里，少奇同志身边的两位工作人员，秘书吴振英，厨师郝苗，正面面相觑，旁边的桌子上摆着一块中间镶着"寿"字的生日蛋糕。只见他俩一会儿看看蛋糕，一会儿看看对方，一副不知怎么办才好的样子。这是怎么一回事呢？

　　原来，少奇同志来海南岛休假已经一个多月了。这一个多月，他都用来学习政治经济学，总结我国社会主义建设的经验教训，过得十分紧张，他身边的工作人员都有些为少奇同志的身体担心。

　　一天，厨师郝苗跑来找秘书吴振英说："过几天少奇同志就要结束休假，返回北京了，24日是他的生日，我们是不是稍稍改善一下伙食给少奇同志调剂一下生活？"吴振英想，少奇同志这次休假确实太紧张了，伙食和在家里时也差不多，十分俭朴，如果能利用这个机会，使他休息休息，改善下伙食,也是应该的。他就对郝苗说:"可以嘛,多做一两个菜,稍微改善一下。"

没想到,他俩的对话被当地陪同的一位同志听到了。也是出于对少奇同志的热爱,24日这天,当地派人送来了一块生日蛋糕,也就是前面说的那块。

这块蛋糕可难住了吴振英和郝苗等工作人员。事先谁也不知道,现在蛋糕送来了,退回去,不合适;留下,少奇同志从来不搞祝寿,也不许别人为他祝寿,他知道了一定会批评我们的,怎么办?吴振英和郝苗商量了一阵,决定先向少奇同志说一下,透个气,免得吃晚饭时他突然发现这件事,不高兴,连晚饭也吃不好。

吴振英轻轻走进少奇同志的房间,见他正埋头看书学习,就低声说:

"少奇同志……""有什么事吗?"少奇同志把目光从书本上抬起来,问道。

吴振英笑着:"这儿的同志不知怎么知道今天是您的生日,送来了一个生日蛋糕……"

果然,少奇同志一听就火了,没等吴振英把话说完,就生气地说:"谁叫你们搞的?!去,拿走!"

话虽不多,但很严厉。平时,少奇同志对工作人员很和蔼,从不发火,即使有时工作人员做错了事,也总是心平气和地指出来,可是这一次,他是真的发火了。

吴振英有苦难言,只好自己承认错误。

吴振英出去后,少奇同志火气未消,又立即派人把王光美同志叫来,问她:"你知不知道蛋糕的事?为什么不加制止？"王光美同志告诉少奇说，这事她也不知道。

少奇同志停了一下，压了压火气，语重心长地对王光美同志说："党中央早就做过决定，政治局的同志不搞祝寿，这是我举手同意了的。因此，就要坚决执行，决不能带头破坏中央决定。这些事你也应该注意，要经常跟他们讲讲。"王光美同志点头说："是应该注意。"

到吃晚饭时，少奇同志还在为这件事生气，饭也没吃好。晚饭后，少奇同志的心情才渐渐平静下来。他对吴振英说："蛋糕你们拿走，你们去吃吧，以后可一定要注意啊！"

可是，这个蛋糕，谁又能吃下呢？

这件事对少奇同志身边的工作人员触动很大，留下了深刻的印象。本来是下面的同志出于热心办的这件错事，但少奇同志不仅批评了自己身边的工作人员，而且把这件事提到自觉坚持和维护党的决定的原则高度来批评王光美同志。这就反映出少奇同志在这些生活中的"小事"上，也处处自觉遵守党的纪律，注意党性修养，也体现了少奇同志高尚的共产党人的道德品质。

退 夜 餐 费

少奇同志生活一贯非常俭朴。他家人口多，花费较大，仅靠他和王光美同志两个人的工资支付全家的生活开支，包括房租、水电费和保育人员的津贴，日子并不宽裕。

夜餐费的故事起于 1959 年。少奇同志的工作一直比较繁忙紧张，这时工作特别多，经常要在办公室里忙到次日凌晨三四点钟。连续工作这么长时间，肚子早就饿了。于是，少奇同志让炊事员郝苗把晚饭吃剩下的饭菜烩在一起当夜餐。后来，他为了不影响炊事员休息，干脆让王光美同志自己到厨房把剩饭热一下了事。平时，少奇同志每顿饭就是两小盘菜，剩下的饭菜再当夜餐，有时实在不够了，再加点面条。这样的伙食，长期下去，会影响身体的。少奇同志办公室的工作人员看到这一情况，都为少奇同志的健康担心，该怎么办呢？

在一次会上，党小组的同志提出：我们工作人员工作到夜里十二点就可以领夜餐费，少奇同志每天都要工作到第二天凌晨，当然也该有夜餐费。于是，他们没有向少奇同志请示，便向管理部门反映了这个情况。组织上认为，这是应该的，也是合情理的。就决定按规定每天补助少奇同志一元钱的夜餐费。

少奇同志办公室的工作人员怕少奇同志知道了这个决定会不同意，就都没有告诉他和王光美同志。只是从这以后，少奇同志的伙食稍微有了一些改善。

时光在紧张繁忙的工作中匆匆流去，不知不觉三年过去了，大家都以为少奇同志不会知道这事了。但是，纸还是没有包住火，少奇同志发觉了这件事，他立即让王光美同志去查账。一查，发现每月的伙食费多了 30 元钱。

"这是怎么回事?!"少奇同志十分生气地问。

王光美同志不知底细，也很奇怪，就来问工作人员："这到底是怎么回事? 怎么事先没告诉我们?"

工作人员连忙如实汇报说："根据国家工作人员夜里工作到十二点就可以发给夜餐费的规定，党支部研究认为也应该给少奇同志发夜餐费。管理部门也同意。这 30 元钱就是少奇同志的夜餐补助费。我们想这是按规定办事，就没有汇报。"

少奇同志听到后，知道这是工作人员根据有关规定办的，才没有作更多的批评，但仍十分严肃地说："这样是不应该的，我的生活由我自己负责，不能要国家补助。请你们计算一下，一共补助了多少，把补助的钱从我每个月的工资中扣除归还。补助了多少，退还多少，一分钱也不能少!"

工作人员看着少奇同志那坚定严肃的神情，十分感动。这就是我们共产党人的国家主席，严于律己、廉洁奉公，就是可以和应该得到的一份报酬也不要。

查账的结果，几年来共发给少奇同志 1200 元的夜餐费。少奇同志提出，每月从他的工资中扣除 100 元，分几个月把这笔夜餐费全部还清。

按照少奇同志的意见,这笔夜餐费分期分批地从他工资中扣还清了。这笔钱,对少奇同志家来说,实在是一笔不小的数字。为此,少奇同志家的经济开支更紧了,给孩子们的零花钱更少了,几乎没有,其他许多开支也都一时取消了。工作人员看到这一情形,都很内疚,心里很不是滋味,本来是想为少奇同志改善一下生活,没想到弄得更紧张了。少奇同志知道后,对大家说:"没什么,这是应该的。再说一个人每天就是吃三顿饭嘛,我白天吃也好,夜里吃也好,反正是三顿,何必再给国家添负担呢?!"

以后,在少奇同志身边工作的同志都时常拿这件事鞭策自己,做共产党的干部就要严于律己、廉洁奉公。

风 雨 夜 救

1960年4月,长江同过去的千百年一样,由着自己的性子,时而风平浪静,时而风急浪高,向前奔流着,全然不以人的意志为转移。

这天晚上,在湖北省宜昌市附近的江面上,一艘普普通通的中型客轮在苍茫夜色中向前挺进着。远远地望去,在它的周围星星点点地还有几只小木船,凭借着风力和江流,也在赶着夜路。

这艘中型客轮就是我们的国家主席刘少奇同志的座船。前不久,他从北京南下去几个省视察,到重庆后又乘江轮到湖北继续视察。这不,白天为选定葛洲坝坝址,他忙碌了整整一天,晚上他又利用到武汉前的旅途时间,审阅国务院几个部门给国家主席的请示报告。这时,夜已经很深了,少奇同志的船舱仍然透出一缕灯光,为了党和国家的事业他还在工作着。

在客轮的驾驶舱里,船长和一位老舵工在聚精会神地指挥和操纵着这艘轮船。他们知道这是国家主席的座船,自己的责任重大,不能有半点疏忽。

客轮在夜幕中平稳地前进着,除了汽轮机的轰鸣和浪花拍打船舷的水声,一切都沉寂下来,好像连风都去睡觉了。突然,老舵工发现一大片乌云迅速推上了头顶的天空,刹那间,四周便黑得像锅底,星星和月亮全看不见了。紧接着,狂风大作,江面上卷起冲天的浪涛,很快,铜钱般大的雨点就变成了倾盆大雨。只见客轮像一片树叶在小山似的巨浪中上下起伏颠簸着。风雨交加,波浪滔天。经验丰富的船长和老舵工都知道,这是遇上难以预料又十分险恶的龙卷风了!客轮的处境危险。

客轮上顿时紧张起来。随着骤然响起的铃声,工作人员迅速各就各位,随时准备同大自然搏斗,保卫国家主席的生命安全。

大副打开了甲板上所有的照明灯。船长通过广播,沉着指挥,他命令所有工作人员必须坚守各自的工作岗位,全力以赴,一定要确保航行的安全!为了看清航道,船长又下命令打开探照灯。随着一声令下,雪亮的灯光划破了黑暗,射向江面,仿佛在客轮和江面上架起了一道光索。

突然,船上的水手们发现,在探照灯光柱的尽头,有几只小木船在风雨中随浪漂荡。波涛一会儿把它们送上浪尖,一会儿又把它们推下浪谷,随时都有葬身江底的危险。

"不好,前面有几只小木船,情况危险,怎么办?"

"我们的船也很危险,怎么救呀?"

"我们的任务是保证国家主席的安全,偏离航道会出事的,万万使不得!"

"那怎么办?"

"赶快通知其他船只来救他们吧!"

"只怕来不及了。"

......

这时，风浪声和人们的呼喊声惊动了正在埋头办公的少奇同志，他正欲起身问个究竟，秘书长老吴推门进来，轻声说："少奇同志，有渔船遇险，怎么办？"

"马上靠过去抢救！"少奇同志毫不迟疑地答道。

这时，负责警卫的同志和船长也来到少奇同志的船舱，他们一听，忙说："可是，我们要保证国家主席的安全，这样做会出危险的！"

"不能因为我个人的安全就不救群众。我是国家主席，也正因为是国家主席，才更应该首先抢救人民群众！马上让船靠过去！"

船长只好听从少奇同志的指示。于是，一场风雨江上救群众的战斗打响了。船长沉着指挥，老舵工把稳航向，努力克服波涛的推力，让轮船在汹涌的浪涛中尽量平稳地前进。终于，轮船侧身擦过浅滩，靠近了小木船。只见水手们用绳索把自己固定在船栏杆上，探身舷外，把小木船上的落水者一一救上了客轮。

少奇同志看到群众遇险，十分焦急，他不安地站在舷窗前，向外探望着。他的视线随着四下扫射的探照灯，搜索着。忽然，他发现江上还有几只小船在同狂风浊浪艰难地搏斗着，便又立即命令把客轮横过来，为小船挡风，让小船靠拢轮船，并用绳索把小船和轮船连接在一起。船长遵照少奇同志的指示，克服重重困难，终于把小木船截住，用缆绳牢牢地系住，使他们脱离了险境。

少奇同志看到遇险的群众都已转危为安，才放下心来。

他走到办公桌前,又拿起刚才放下的文件,继续办公了。

天慢慢地亮了。这时,风雨停了,一轮红日从东方冉冉升起,江面上又恢复了平静。

朝霞中,从小木船和轮船甲板上传来一阵阵笑语声,这是战胜了刚才那场暴风雨的船员们和脱险的群众在高兴地告别。他们紧紧地握手、拥抱,好像千言万语都融化在其中了。

这时,不知是谁悄悄说了一句:"这是国家主席的座船。"啊?!脱险的群众站在自己的小木船上,止不住的热泪流下脸颊。他们就像士兵行注目礼式的,目送着客轮渐渐远去。昨晚那激动人心的一幕,永远留在他们的心中。

少 奇 回 乡

　　1961 年春天,少奇同志回到了阔别近 40 年的家乡——湖南省宁乡县花明楼乡炭子冲。他自从 1920 年离开家乡投身革命以后,只在 1925 年五卅运动后,因养病回湖南待了一段时间,在几十年的革命生涯里戎马倥偬、国事纷繁,再也没有回过家乡。因此,可以说,这是他第一次回家乡。

　　古人说,富贵不还乡,如锦衣夜行。意思是说,如果一个人升官发财了,不回家抖抖威风,就如同穿着漂亮华贵的衣服在半夜里走路,谁也看不见。有的人可能认为,少奇同志是国家主席、党中央副主席,这么多年了,第一次回故乡,一定是前呼后拥,层层领导陪同。如果真这样认为,那可就错了。

　　刘少奇向来认为,我们共产党人是为人民谋利益的,在我们国家,各行各业各项工作都是为人民服务的,没有高低贵贱之分,国家主席的职位,只能说明工作更多、责任更大,绝不是用来向人民显摆和抖威风的。更何况,他这次回家乡还带有一件十分重要的工作——调查了解当前农村的实际状况,为党中央制定正确的政策,妥善解决"大跃进"以来国民经济出现的问题和自然灾害造成的严重经济困难等提供信息和依据。也可以说,是这项工作使少奇同志回到了家乡。

为了安排下乡调查的有关事宜,少奇同志和有关人员分乘两辆吉普车,先来到中共宁乡县委。

吉普车开进了县委大院,县委领导已接到通知,知道少奇同志这天要来,听到汽车的响动便迎了出来。他走出办公室一看,从车上下来的人正向他走过来,连忙迎上前去。他看到走在最前面的是一位60多岁、穿着一身半新的蓝布衣服,戴着顶日蓝布喟子,脚上穿着一双青色布鞋的普普通通的老人,便没在意,还在人群中寻找。忽然,他认出了后面一位穿戴也很普通的女同志,立即快走了几步,招呼道:"这不是王光美同志吗?!刘主席呢?!"王光美同志笑着指了指前面那位穿蓝布衣服的老人,说:"喏,那不是!""啊?!"县委领导见自己同少奇同志擦肩而过,都没有认出来,不好意思地笑了,连忙转身请少奇同志一行进了县委办公室,汇报情况,商量工作。第二天,少奇同志就率调查组下农村去了。

与 猪 为 邻

少奇同志回家乡调查,先驱车来到宁乡县东湖塘公社,紧接着又下到王家湾生产队。去王家湾生产队的那天,正赶上春雨淅淅沥沥地下个不停,乡间的泥土路满是泥泞,又滑又不平,很不好走。只见少奇同志身穿蓝布衣,手撑雨伞,踏着泥泞的小路,向着王家湾走去。随行的工作人员在后面跟着。

他们一脚高、一脚低地来到了王家湾生产队的一个院落前,赫然入目的是挂在门口的木牌子——宁乡县东湖塘人民公社万头猪场。少奇同志走进猪场,把每个猪圈都看了一遍,发现只有一些皮厚毛长的猪,无精打采、有气无力地站在角落里,似乎在等待着人们的发落。看到这种情况,他若有所思地说:“现在世界上还没有万头猪场,这里怕也只有百头猪啊! 万头猪场?!”说着,少奇同志走进猪场的饲料房,他环视了一下,用手指了指,对随行的工作人员说:“我们就住在这里吧。”

“就住这里?!”随行的同志愕然了。这间饲料房已经很破旧了,蜘蛛网铺天盖地,挂满了四壁,在昏暗的光线下,随着不时刮进的春风抖动着。屋里横七竖八地堆放着一些杂物,最为严重的是连个挡风的门都没有,猪粪伴风儿不断地涌入。这样的房子就要做"主席府"？

有的随行工作人员想劝阻少奇同志。还是去住事先安排好的花明楼人民公社，但看到少奇同志那朴素的衣着和坚定的神情，想起临行前，他对中共湖南省委第一书记张平化同志讲的"这次去湖南乡下，采取过去老苏区的办法，直接到老乡家，睡门板、铺禾草，既不扰民，又可以深入群众。人要少，一切轻装简从，想住就住，想走就走，一定要以普通劳动者的身份出现"的一番话，便打消了劝阻的念头。

大家七手八脚，在一张陈旧的老木架子床上铺上稻草，再打开简单的铺盖，床就算安排好了；又把两张未曾油漆过的旧方桌擦掉灰尘并在一起，算作办公桌，四条旧长凳放在桌边，加上一盏老式煤油灯，一间国家主席的办公室兼卧室就布置停当了。

在这间充满泥土和猪粪气味的简陋小屋里，中华人民共和国国家主席刘少奇整整工作和生活了五天。在这里，他找人座谈，了解情况，研究总结反映上来的问题，为我们党的事业、人民的事业辛勤地工作着。正是在这简朴破旧的"主席府"里，少奇同志了解到大量真实情况，为我们党解决农村中出现的问题，找到了办法和依据。

探 望 师 母

少奇同志从小就非常喜欢学习,尊敬师长,经常受到父老乡亲的称赞。后来,他投身革命,离开了家乡,也离开了在儿时给他文化启蒙的老师。但是,他从未忘却过这珍贵的师生情谊,总想找机会去看望他的老师。

终于,机会来了。

1961年春天,少奇同志为了调查了解我国农村的实际情况,回到阔别近40年的家乡。

在繁忙紧张的调研工作之余,他打听到他小时候的启蒙老师朱赞廷先生的消息。当他听说朱先生已在几年前去世时,十分难过,他说:"朱先生是我的启蒙老师,是他首先教会我识文写字的。他对我们的学习是非常严格的,对我后来的学习很有益处。这师生之情是永远不能忘记的。"随行的工作人员又告诉他,朱先生的老伴朱五阿婆还健在,他马上表示,一定要去看望师母。

这天,少奇同志抽出时间和王光美同志一起专程来看望师母。

他们还没走到朱五阿婆家,就遇到了她。少奇同志迎上前去,亲切地问老人:"朱五阿婆! 您老人家还认得我吗?"

"啊?!你是……"70 多岁的朱五阿婆一时没反应过来,没认出这位操着乡音的"陌生人"。

少奇同志见状,又说:"我是在你老倌子手里发的蒙。那时候,你经常烧开水给我们喝,中午见我们带的饭菜凉了,就帮我们炒热。你的贤惠,朱老师的严格,我至今还记得哩。"

朱五阿婆听了少奇同志这一席话,又经陪同少奇同志前来的大队干部介绍,恍然大悟,她激动地说:

"啊!你是九先生(少奇同志在兄弟中排行第九)。"才说了这一句,她马上又想起什么,连忙说:"你是国家主席!主席专门来看望我,叫我这孤老婆子怎么领受得起呢?"

少奇同志握住师母的手,连声说:"哪里,哪里,学生看先生娘子是应当的。"

朱五阿婆感动极了,说:"你还记得你的先生和我这老婆子,好啊!好啊!"

接着,少奇同志关切地询问了老人家的身体和生活状况。当他听到老阿婆现在是五保户时,便又嘱咐在场的大队干部,对五保户要多加照顾,使他们能愉快地度过晚年。他还请师母多多保重身体,再多看看社会主义的好时光。

临走时,少奇同志拿出回家乡时带来的一斤饼干和20元钱送给师母,说:"这点东西是学生的一点心意,再多的,我也拿不起了。希望您老人家身体健康,高高兴兴地度过晚年。"

朱五阿婆热泪盈眶、依依不舍地看着少奇同志远去的身影,嘴里不住地念叨着:"好啊!好啊!主席还想着我这先生娘子,孤老婆子!"

从这以后,朱五阿婆逢人便讲起少奇同志尊师敬长的美德,表达她的感激之情。少奇同志看望师母的事情,也被当作佳话流传开来。

破 案 平 冤

　　1961 年 4 月,少奇同志来到湖南省长沙县广福公社天华大队蹲点调查。他在这个大队住了整整 18 天。在那些日子里,他走访社员家庭,召开群众座谈会,了解到许多真实情况。从中,他发现了一件"破坏耕牛案"。这个案子已经了结多年了,可是事主一直不服气,不肯认罪,这到底是为什么呢?

　　事情是这样的:1956 年 10 月,天华大队买来一头耕牛,交给民兵班长冯国全的父亲冯福田喂养。但是这头牛经常泻肚,无力耕田,老人便请来兽医诊治,然后又转交另一有经验的老农饲养。没想到,刚到第二年的二月份,这头牛病死了。后来,在给牛剖腹剥皮时发现牛肺里有一根三寸多长的十八号铁丝。天华大队据此作出了冯福田"破坏耕牛"的结论,先后几次斗争了冯福田,并株连到冯国全,但他们父子二人不服气,一直不承认此事是他们所为。

　　冯国全父子为何一直不认罪? 这三寸多长的铁丝又是怎样扎到牛肺里去的? 少奇同志感到案情有点蹊跷,说:"牛皮那么厚,牛劲那么大,铁丝怎么钉进牛肚子里? 不可能吧?!"于是,指示随行的工作人员组成一个小组,对此案重新进行调查,他对调查组的同志说:"牛是反刍动物,这个事还要查,不仅要查当事人,还要问问老兽医,或者专门学习过医学的人。"他还强调指出:"参加调查的同志必须十分严肃认真,不可随便下结论。"

不久,少奇同志结束了在湖南的调查研究工作,返回了北京。回到北京后,他仍然惦记着这个案子,特意叫国务院畜牧部门寄去一张牛体解剖图和一份文字资料,供调查组分析案情用。

调查组根据少奇同志的指示,在天华大队展开了深入细致的调查。他们查访了给耕牛剥皮开肚的全过程,请老兽医和兽医学校的专业技术人员对照牛体解剖图进行专题座谈和做技术鉴定,经过认真分析,否定了原来所认为的铁丝是从牛颈部直接扎到肺部,或从鼻孔插入气管而吸进肺部的两种看法,认为铁丝是混在饲料中从食道吃进胃里,然后由于胃的蠕动而穿过胃壁,扎进肺部的。据有关专业人员反映,因吃进铁丝引起生病的牛都有泻肚、咳嗽、食欲减退、膘体渐瘦、耕犁无力等症状,冯福田喂养的那头牛也有这些症状。问题是铁丝是何时、何地怎样进入牛胃的?

为了揭开这个谜,调查组从牛买回来就有病为突破口,调查了耕牛的来源,经过在长沙、湘阴等地调查得知:这头牛是1956年10月从湘阴县桃花乡买来的,在此以前,它已经患病多时,经常泻肚,犁田缓慢,而这正是铁丝进入胃部,引起胃炎的症状。通过调查还发现,这头牛在桃花乡已经过三个养牛人之手,他们都证实这头牛早就是头病牛。再进一步调查,又发现这头牛是1955年8月从长沙县青山乡彭炳泉家买去的。调查组又回到长沙县继续调查了解。通过彭炳泉的邻居杨福诊,了解到:彭的继子黄光辉(当时十岁),出于好奇和年幼无知,想试试牛的牙齿是否锐利,在放牛时,把一段铁丝裹在青草里面给牛吃了。原来,铁丝是这样误入牛胃的。这头牛吃了铁丝后不久,就生病了,彭炳泉也不知底细,就把牛卖掉了。几经辗转,这头牛来到了天华大队,时间不长就病死了。

终于,这件时延四年、牛易三地的奇案查清了,原来所谓"破坏耕牛案"完全是没经过调查研究、主观臆断所造成的冤案。

少奇同志得知这一情况后,马上指示留在天华大队的工作组:"要尽快召开全大队社员大会,为冯国全父子平反,恢复名誉。"

冯国全他们深深感激少奇同志以全心全意对人民负责的态度,为他们查清了冤案,恢复了名誉,他们在社员大会上激动地说:"这次刘主席帮我申了冤,我一辈子也忘不了党的恩情。"广大群众也交口称赞,他们纷纷说:"共产党做事真是实事求是,过去了好几年的事,也查得一清二楚,搞得水落石出,真了不起。"还有的群众说:"要不是少奇同志回来搞调查,发现了这件事,冯国全父子可就冤死了。"

事情到此还没有结束,少奇同志根据这个案子指示公安部门"对各地几年来所有由于死牛的胃内、肺内发现铁钉、铁丝等而定为'破坏耕牛的案件'都进行一次认真的调查,以便使我们的结论都符合实际情况"。他还进一步分析说:"从死牛的胃内、肺内发现铁丝、铁钉等物,有些是破坏案件,但并不都是破坏案件,更不能确定当时的饲养员就是耕牛的破坏者。"后来,公安部门根据少奇同志的指示,对这类案件进行了甄别,又纠正了一些错案,受到了人民的欢迎。

少奇同志破案平冤,并且举一反三,为更多的人解除冤枉,这件事永远记在人民心中。

注：本书所收文章，除文后有署名外，均由欣昕、章凌、贾明编写。